Der hermetische Bund teilt mit

Hermetische Zeitschrift

Nummer 10

Mein Dank geht an Peter Windsheimer für das Design des Titelbildes. Des Weiteren an Ariane und Michael Sauter.

Für Schäden, die durch falsches Herangehen an die Übungen an Körper, Seele und Geist entstehen könnten, übernehmen Verlag und Autor keine Haftung.

Herstellung und Verlag:
BoD – Books on Demand, Norderstedt
ISBN 978-3-7347-7108-8

Inhaltsangabe:

3

Praktische Anleitung zur Konzentration:

Vorwort:

Wir haben uns entschlossen, dieses äußerst interessante Werk von Hans Müller, einem Gründungsmitglied der „Fraternitas Saturni", zu publizieren, da diese Schrift sehr viele Analogien zum „Adepten" aufweist, verschiedene Übungen eingehender erklärt oder eine andere Praktik zur Unterstützung für die eigenen Exerzitien ausführlich beschreibt. Dadurch sieht der Schüler, dass die Übungen aus dem ersten Werk von Franz Bardon alle einen Sinn ergeben, er erkennt, dass selbst der Aufbau der 10 Stufen bewusst gehalten wurde und kann dadurch leichter den Pfad beschreiten, da er Parallelen zu anderen okkulten Systemen herstellen kann. Ihm wird klar, dass der „Adept" sozusagen das beste praxisbezogene Buch ist, das aus allen verschiedenen Systemen und der eigenen „Erfahrung" zusammengestellt wurde!

Wenn man dieses Buch „Praktische Anleitungen zur Konzentration" studiert, sollte man niemals die Grundsätze von Franz Bardons „Adepten" außer acht lassen, denn dieses Werk ist im Vergleich zu allen anderen vollkommen auf die 4-Poligkeit abgestimmt und fehlerfrei. Somit ein Weg für jeden und für jede Mentalität!

Einleitung:

Wir leben in einer Zeit der Hast und eines rasenden Rhythmus, der vielen nicht die Möglichkeit bietet, Stunden der Ruhe und Sammlung einzuschalten. Unsere Sinnesorgane, die durch neueste Erfindungen immer mehr ersetzt und verfeinert werden, verlieren die Fähigkeit größtmöglichster Auswirkung, wie jedes Organ unseres Körpers, das nicht genügend gebraucht wird. Auf der anderen Seite stürmen täglich und stündlich unzählige Reizungen und Eindrücke auf unsere Sinne ein, von denen nur der kleinste Teil bewusst aufgenommen wird und der größte Teil spurlos vorüber geht, d. h. in unser Unterbewusstsein sinkt, ohne die Bewusstseinsschwelle passiert zu haben.

Es ist klar, dass unter diesen Bedingungen Gedächtnisschwäche, Erinnerungslosigkeit und Zerstreutheit die Folgen sein müssen. Wenig Menschen gibt es, die heute über diese Mängel nicht klagen und mit allen möglichen Mitteln versuchen, sie abzustellen, da der Lebenskampf in jeder Beziehung höchste Anspannung und Tätigkeit unserer Sinne verlangt, um sich durchsetzen zu können.

Bei fast allen Methoden derartiger Schulung wird aber vergessen, dass durch gewaltsame Maßnahmen, die nicht im Sinne des **biologischen Gesetzes** liegen, nichts erzielt werden kann, oder gerade das Gegenteil erzeugt wird, d. h. eine Mehrbelastung unserer Sinnestätigkeiten. Erschreckend ist die Tatsache, dass gerade bei der heranwachsenden Jugend die Mängel der Sinnestätigkeit festzustellen sind, d. h. oberflächliches Denken, Zerstreutheit, Gedächtnisschwäche und Erinnerungsmangel. Auch hier haben wir die Ursachen in den vorerwähnten Faktoren zu suchen.

Konzentration heißt Sammlung. Alle Kräfte auf einen Punkt sammeln zu können, das ist Konzentration. Das gilt aber nicht nur vom Denken oder für eine bestimmte Arbeit, sondern das gilt vom Denken, Fühlen, Wollen und Handeln (= vier Elemente. Der Hrsg.) und allen, was damit verbunden ist. Wer also lernen will, sich zu konzentrieren, muss lernen, sich in all diesen Fähigkeiten zu sammeln, d. h. seine Kräfte durch den geschulten Willen in einem einzigen Strom zusammen zu halten, um sie für die eine oder andere Fähigkeit fruchtbringend und schöpferisch benutzen zu können.

Die Mittel zur Erreichung eines solchen praktischen Könnens sind nicht so einfach und erfordern große Kenntnis psychologischer Art dieser Fähigkeiten und Ausdauer, um die notwendigen Übungen im Sinne einer biologischen Entwicklung durchzusetzen. Es kommt nicht so sehr darauf an, täglich stundenlange Übungen zu machen, sondern es kommt darauf an, seine ganze Lebensweise in genanntem Sinne einzurichten, damit Psyche und Körper auf die geschulten Willens-Impulse reagieren. Es ist erstaunlich, wie leicht und sicher dann unsere Sinne arbeiten und wie richtig es ist, dass eine natürliche Konzentrationsfähigkeit niemals verbunden sein kann mit irgendeiner forcierten Anstrengung oder Anspannung in irgendeiner Art und Weise. Wir müssen nur den Sinnen die Möglichkeit geben, sich voll zu entfalten, müssen sie von allen Hemmungen, Aufreibungen und Widerständen befreien und die Reflexwirkung zwischen Sinn und Körper erleichtern, indem wir auch den Körper so entwickeln und bilden, wie es notwendig ist. Gewiss kann man durch bestimmte Konzentrationsübungen in der einen aber anderen Hinsicht unterstützend und erleichternd einwirken, aber ein Erfolg lässt sich immer nur auf der eben entwickelten Basis erzielen. **Es ist ein Fehler, wenn angenommen wird, man brauche nur am Tage fünf bis zehn Minuten eine mechanische Konzentrationsübung zu machen und nach einiger Zeit ist man dann ein Meister der Konzentration.** Das würde gegen alle Entwicklungsgesetze verstoßen und die Misserfolge der vielen Menschen, die sich mit solchen Übungen monatelang abquälen, geben ja den sprechendsten Beweis dafür.

Es ist nicht meine Absicht, die Schüler mit langen theoretischen und psychologischen Auseinandersetzungen zu quälen, denn diese sind bei weitem nicht das Wichtigste, wenn auch durchaus notwendig ist, dass man über die einfachsten psychologischen Vorgänge unserer Sinnestätigkeiten unterrichtet sein muss. Die Hauptsache ist, dass der Schüler weiß, wo die Fehlerquellen liegen, wo er mit unterstützenden Maßnahmen einzusetzen hat und wie er praktisch zu einem erfolgreichen Konzentrieren im Denken, Fühlen und Handeln kommt. Das soll die Aufgabe dieses kleinen Büchleins sein. Es ist aus der Praxis für Praxis geschrieben und ich habe die Ansichten und Methoden neuerer Psychologen und Forscher, welche auf praktischer Grundlage beruhen, in Betracht gezogen, so dass also ein Studium umfangreicher Werke dieser Art nicht notwendig ist bzw. nur für die Menschen in Frage kommt, welche tieferes psychologisches und wissenschaftliches Interesse haben an dieser wichtigen Frage. Die Konzentrationsfähigkeit ist eine wichtige Lebensfrage für jeden, beruflich und außerberuflich, denn sie hat ja die engsten Beziehungen zu allen Zielen und zu einer fruchtbaren Arbeitsfähigkeit. Das gilt im Besonderen für die heranreifende Jugend. Neue Erziehungsmethoden streben darnach mit möglichst wenig Kraftaufwand größte Nutzanwendung und Ertüchtigung für das praktische Leben zu erzielen. Um so mehr, da an jeden Einzelnen die Zeiterfordernisse immer größere Belastungen stellen und für die Jugend Zeitersparnis Lebenserfolg bedeutet. Wer also diesen neuen Rhythmus der Zeit nicht versteht, sich ihm nicht anpasst und seine Sinnestätigkeit nicht schult, dass er sie wunschgemäß gebrauchen kann, darf sich nicht wundern, wenn er Misserfolge zu verzeichnen hat und sein Leben nicht vorwärts kommt. Ich stehe nicht an, zu behaupten, dass auch viele nervöse und psychische Erkrankungen auf Konzentrationsmangel der einen oder anderen Fähigkeit zurückzuführen sind.

So ist also die Konzentrationsfähigkeit für jedermann eine Hauptbedingung und ich wünsche, dass die Schüler auf Grund meiner praktischen Erfahrungen Erfolg haben werden in ihren verschiedenen Betätigungszweigen.

I. Kapitel

Die Forschungsergebnisse neuerer Psychologen und Forscher zeigen immer mehr, eine wie enge Wechselbeziehung zwischen Psyche und Körper besteht. An Hand hypnotischer Experimente hat man festgestellt, dass auch die Gefühlskräfte in uns, wie z. B. Vorstellungs- und Einbildungskraft bei richtiger Führung und unter teilweiser oder ganzer Ausschaltung des Oberbewusstseins tief eingreifende organisch Veränderungen herbeiführen können. So gibt es also praktisch die Möglichkeit, von innen, also von der Psyche aus, auf den Körper und von außen, also vom Körper auf die Psyche einzuwirken. Das können wir zu allererst praktisch zunutze machen. Wenn wir den heutigen Zeitmenschen beobachten, können wir immer wieder feststellen, dass vor allem ein Mangel in der Atemtätigkeit besteht. Wir finden überall, und die Jugend ist davon auch nicht ausgeschlossen, einen verflachten oder einen angespannten Atem. Wir wissen aber, dass dieser Atem – Odem – oder wie die Griechen sagen, Psyche, der wichtigste Faktor für unser Leben, unser Dasein ist. Der Atem ist sozusagen der Motor, der dem Körper physisch und physisch die notwendigen Kräfte zuführt, und für den entsprechenden Austausch sorgt. Ein mangelhafter Atmen, das sagt uns eine einfache Überlegung, muss also ein Mangel an Kraftaufnahme oder Austausch bedingen. Der Inder sagt: „Atem ist Leben" und nach der esoterisch – okkulten Weltanschauung hat der Atem eine viel tiefere Bedeutung, wie es uns die Wissenschaft sagt. Wir müssen also als erstes praktisch lernen, richtig tief und voll zu atmen, d. h. also unsere Atemkräfte zu sammeln, zu konzentrieren. Man kann in dieser Beziehung von einem konzentrierten Atem sprechen. Ich kann leider dieses weite Gebiet des Atmens nur flüchtig streifen und nur das Notwendigste davon mitteilen. Es kommt ja auch nicht auf die Theorie, sondern auf die Praxis an. Immer wieder bitte ich die Schüler, nicht zu überlegen oder zu kritisieren, sondern die angegebenen Maßregeln und Übungen auszuführen. An den Wirkungen wird jeder erkennen können, ob sie nutzbringend sind oder nicht. Ganz kurz will ich erwähnen, dass es vier Atem-Arten gibt:

1. Die Schlüsselbein-Hochatmung, die sogenannte Spitzenatmung,
2. die Flanken- oder Rippenatmung, auch Brust-Atmung genannt,
3. die Zwerchfell- oder Bauchatmung,
4. den Voll-Atem, d. h. den tiefen Atem, der alle anderen Arten in sich vereinigt.

Der letztere ist das von uns erstrebte Ziel. Der Schlüsselbein-Atem als alleinige Funktionsart würde die Lunge ungenügend mit Luft füllen, den Körper in seiner Haltung unschön verändern und eine Überspannung der Außenmuskulatur erzeugen, also die Wechselwirkung zwischen Körper und Seele ungenügend gestalten.

Die Rippenatmung ist ebenso ungenügend, denn sie führt leicht durch Überspannung zur Lungenerweiterung. Diese Art wird häufig gepflegt durch forcierte Übungen, durch falschen Sport und falsches Training und reißt die Lunge gewaltsam auseinander. Dadurch leidet die Elastizität der Lungenzellen und die Folge ist Lungenerweiterung, so wie Herzerweiterung durch übermäßige belastende Tätigkeit. Also auch diese Atmung ist, einseitig betrieben, ungenügend.

Die Bauch-Atmung kann als Übung sehr fruchtbringend sein, aber dauernd gewaltsames Pressen durch Atmen mit Zwerchfell und Bauchmuskeln würde bald körperliche Störungen, wie Kopfschmerz, Schwindel, Appetitlosigkeit und Erbrechen erzeugen. Dadurch wird verständlich, wenn Menschen, die die an sich wundervollen Atemübungen falsch oder forciert betreiben, statt Erfolg Schädigungen erzielen.

Die Tiefatmung, welche alle anderen genannten Atem-Arten in sich harmonisch vereinigt ohne Überspannung und forcierte Anstrengung, ist die natürlichste und fruchtbringendste Art des Atmens. Sie sammelt in sich alle Atemkräfte in einem Punkte und ist somit der konzentrierte Atem, den wir besonders pflegen müssen.

Aus dem Gesagten geht schon hervor, dass wir praktisch beim Atmen jede übermäßige Anspannung und Forcierung besonders vermeiden müssen. Nicht atmen wollen durch Zwang, sondern atmen lassen durch das natürliche Bedürfnis des Körpers, sei der erste Grundsatz.

Dieses Atmenlassen kann nur geschehen, wenn der Schüler die körperliche und geistige Passivität, das heißt: „Erschlaffung", beherrscht. Darüber könnte ich schon ein ganzes Buch schreiben. Wieder lehrt uns die Beobachtung im Alltagsleben, dass die Menschen diese Fähigkeit bewusster Erschaffung (Passivität) geistig und körperlich nicht erlangen können oder nur mit großer Anstrengung und Mühe. Aber auch hier ist jeder Forcierung vom Übel.

So wäre die erste Übung, die wir täglich ungefähr ein Vierteljahr lang auszuführen hätten, eine bewusste Passivität, erst einmal körperlicher Art. Wir beginnen mit fünf Minuten täglicher Übung und steigern nach eigenem Ermessen bis zu 30 Minuten. Hier ist mir immer wieder gesagt worden, dass der heutige Mensch mit seinen großen Berufsbelastungen keine Zeit hätte, täglich stundenlang Übungen zu machen. Das ist eine Ausrede, die man psychoanalytisch leicht entkräften kann. Man würde immer wieder als Wurzel die Bequemlichkeit oder das Trägheitsprinzip finden. Erstens handelt es sich nicht um stundenlange Übungen und zweitens vergeuden die Menschen im Allgemeinen täglich soviel Minuten unnütz und zwecklos, dass wenn man sie aneinander reihen würde, die Übungszeit von ca. einer halben Stunde weit überschritten würde. Es ist dabei wünschenswert, durch Übungen, die man freiwillig und mit Freude einschaltet, sich zu zwingen, seine Zeit richtig einzuteilen, um für die Gesundheit der Seele und des Körpers genügend Muße zu haben. Übrigens sollte jeder mit allen Mitteln die Zeit erübrigen können, wenn es sich darum handelt, seine Arbeits- und Leistungsfähigkeit, sowie seine Gesundheit zu steigern. Das ist eine ebensolche Bedingung wie die tägliche Nahrungsaufnahme, zu der auch jeder Mensch mehr oder weniger Zeit finden muss.

Erwähnen möchte ich hier zu Anfang gleich Folgendes: Wer diese Übungen und Ratschläge befolgen will, fasse den festen Entschluss und führe ihn gegen sich, gleichsam als Selbstschulung, unnachsichtlich durch. Jede Unterbrechung, wenn sie nicht durch Krankheit bedingt ist, ist nicht nur Stillstand, sondern Rückschritt. Denn wir wissen psychisch, dass zu jedem neuen Anfang ein Anlauf mit doppelten Kräften notwendig ist. Man dulde also gegen sich keine Schwäche durch Körper oder Seele und halte immer den Zweck, das Endziel vor Augen.

Folgende Passivitäts-Übung wird als erste durchzuführen sein: Legen sie sich in eine bequeme Ruhelage, wenn es möglich ist Kopf im Norden und die Füße im Süden. Das hat einen besonderen Zweck und hängt mit den elektro-magnetischen Erd-Strahlungen zusammen, auf die ich nicht näher eingehen will. Dunkeln sie das Zimmer ab. Wenn möglich, wählen sie eine gedämpfte grüne oder blaue Beleuchtung, welche die Körpererschaffung äußerlich begünstigt. Die eingenommene Lage, in der sie es sich natürlich bequem machen können unter Entfernung aller beengenden Kleidungsstücke und bei genügend frischer Luft, muss unbedingt und unveränderlich während der Übungszeit beibehalten werden. Sie dürfen also die Lage trotz aller etwa eintretenden Unbequemlichkeiten auf keinen Fall ändern. Haben sie sich so niedergelegt, so atmen sie vorläufig, wie sie es gewöhnt sind und ohne jede Anstrengung. Schließen sie die Augen und stellen sie sich geistig vor, wie der Körper anfängt zu erschlaffen und

11

schwer und matt wird. Beginnen sie bei den Beinen und steigen sie langsam auf durch den ganzen Körper bis zur Erschlaffung des Kopfes, der Augenlider usw. Sie müssen dem Körper das Bewusstsein bzw. die Spannung vollkommen entziehen. Achten sie aber auf die Atmung. Sie darf nicht gespannt sein oder eingehalten werden.

Auch hier sollen sie nicht passiv sein wollen, sondern durch richtiges Atmen und Einstellung ihrer Vorstellungskraft den Körper erschlaffen. Es ist eine bewusste wunderbare Ruhelage, die in ihrem Erlebnis nervenkräftigend und körperstärkend wirkt und bald wird diese Übung ihnen soviel Freude machen und für sie die Medizin bedeuten, um die Hast, Anspannung und die sonstigen Alltagseindrücke in fruchtbringender Weise zu unterbrechen oder auszuschalten. Zu Anfang wird nun der Körper versuchen, diese Ruhe, die er nicht gewöhnt ist, durch alle möglichen Mittel zu unterbrechen. Lassen sie sich nicht beirren, wenn die Glieder zucken oder sich plötzlich irgendwo spannen oder wenn sogar leichte Schmerzen eintreten. Das alles sind Zeichen dafür, wie notwendig ihr Körper diese Entspannung braucht und wie wenig er daran gewöhnt ist. Sie können daraus ersehen, dass auch ihr nächtlicher Schlaf ihnen nicht in der richtigen Weise Erholung bringen kann, denn auch da werden sie nicht vollkommen ausgespannt sein.

Selbstverständlich werden zu Anfang auch ihre Gedanken bunt durcheinanderwürfeln und sie quälen. Es kommen allerlei Vorstellungen und Gefühle, teilweise aus dem Gemüt und teilweise aus dem Verstand, die auch psychisch diese ungewohnte Ruhe unterbrechen wollen. Auf alle diese Störungen achten sie in keiner Weise, denn sie lassen allmählich von selbst nach.

Wenn diese Unbequemlichkeiten zu stark werden sollten, atmen sie zwanglos recht tief und voll und richten sie ihre ganze Vorstellungskraft auf den Prozess des Atmens, d. h. sie achten darauf, wie die Brust sich hebt und senkt; lassen sie keine anderen Gedanken aufkommen. Allmählich wird ihr Körper matt und Schwer und kommt zur Ruhe. Ein wunderbares Gefühl der Gelöstheit und Harmonie überkommt sie, das sie nach und nach verstärken können durch die gedankliche Vorstellung: „Ich fühle mich jetzt ganz frei und gelöst, ohne alle Hemmungen und Bedrückungen. Ich fühle mich ganz glücklich."

Es kann vorkommen, dass sie zu Anfang bei dieser Übung einschlafen, denn sie bildet auch gleichzeitig ein gutes gefahrloses Schlafmittel. Das ist an sich nicht etwa schädlich, sondern, nur ein Nichterfolg der Übung.

Während der Übungszeit achten sie also darauf, nicht einzuschlafen. Kommt es aber doch vor, so werden sie immer erfrischt und gestärkt erwachen, müssen sich aber bewusst sein, die Übung nicht erfüllt zu haben. Es wird sich nun diese Passivität immer mehr entwickeln, d. h. sie vergessen ganz ihren Körper. Ja häufig wird sie innerlich ein Schrecken überkommen, da sie plötzlich ihre Arme oder Beine nicht mehr fühlen, überhaupt nicht wissen, in welcher Lage sie sich befinden, häufig auch, wo sie überhaupt liegen. Darüber seien sie froh, denn das sind die ersten Zeichen, dass sie anfangen, die Passivität zu beherrschen. Allmählich können sie ihren Körper vollkommen vergessen, d. h. sie fühlen ihn überhaupt nicht mehr, aber ohne dabei zu Schlafen. Das ist die wahre Passivität.

Ich kann ihnen aus der Praxis nur mitteilen an Hand vieler Bestätigungen meiner Schüler, dass die Wirkungen dieser bewussten Erschaffung auf Körper und Seele ungeheuer sind. Der Kräfteaustausch und Ausgleich ist so groß, dass sie sich nachher gestärkt und kräftig fühlen, wie nach einem Bade. Tatsächlich sind durch diese Übungen ihre Kräfte bereits gesammelt und konzentriert. So beginnen sie schon heute mit dieser Übung für eine Zeitdauer von fünf Minuten.

Nachdem sie acht bis vierzehn Tage die einfache Passivitätsübung eingehalten haben, gehen sie dazu über, von der Psyche her, auf sich zu wirken, in dem sie einen Tag um den anderen Autosuggestionen d. h. Selbsteingebungen einschalten. Über die Suggestionswirkung im Allgemeinen und die Autosuggestion im Besonderen will ich hier theoretisch nicht näher eingehen. Nur soviel sei gesagt, dass die Einbildungskraft unter Führung des zielbewussten Willens tiefgehende Resultate auf Seele und Körper ausüben kann. In negativem Sinne können sie die Auswirkung alltäglich beobachten, denn in letzter Zeit wissen wir ja durch die Forschungsergebnisse der Nervenärzte, dass eine Anzahl nervöser Störungen durch falsch geleitete Einbildung und Vorstellungskraft verursacht und verstärkt werden. Das hängt eng mit der Ordnung des Trieblebens zusammen und der Gedankenbeherrschung, über die ich später noch sprechen werde. Die Autosuggestion ist also eine zielbewusste Eingebung bestimmter Vorstellungen. Bei richtiger Anwendung d. h. vollkommenster Passivität des Körpers kann sie alle maßgebenden Faktoren der Konzentration wesentlich unterstützen. Jede Autosuggestion ist an eine bestimmte Vorstellungsform geknüpft, welche dem sogenannten Unterbewusstsein eingegeben werden muss. Dazu muss ich ihnen einige kurze Erklärungen geben: Alles, was der Mensch mit seinen fünf Sinnen wahrnimmt, kommt ihn mehr oder weniger zum Bewusstsein, je nach der Art, worauf sich seine Konzentration richtet. So ist also die allgemeine Tätigkeit des Wachbewusstsein an die Funktionen der fünf Sinne geknüpft. Diese Vorgänge umfasst das Oberbewusstsein; nun gibt es aber viele Vorgänge, meist psychischer Art, die wir vergessen, an die wir uns nur schwer oder auch gar nicht mehr erinnern können. Dazu gehört zum Beispiel im Alltagsleben das Vergessen von Personen und Straßennamen, das Verlegen bestimmter Gegenstände usw. Wir sehen schon hier, dass das auf Konzentrationsmangel zurückzuführen ist. Durch besondere Experimente (Hypnose) und durch die psychoanalytische Durchforschung des Traumlebens ist festgestellt, dass nichts, was einmal als Wahrnehmung oder Eindruck das menschlichen Bewusstsein passiert hat, verloren gehen kann. All diese irgendwie aufgenommenen Eindrücke sind durch vorgenannte Methoden wieder in das Oberbewusstsein des Menschen zurückzuführen. Je mehr er also die Fähigkeit von sich aus hat, derartige Vorstellungen durch bestimmte Gedankenverknüpfungen (Assoziationen) hervorzuholen, je weiter wird sein Bewusstseinsfeld und umso weniger leidet er an Gedächtnisschwäche und Erinnerungslosigkeit. Alle von Kindheit an und im späteren Leben aufgenommen Wahrnehmungen durch unsere Sinne, müssen also irgendwo in uns festgehalten werden und diese, uns unbewusste Fähigkeit, nennen wir die Funktion des Unterbewusstseins. Wir haben uns diese nicht lokal vorzustellen, d. h. an irgendeiner Stelle des Gehirns, wie es früher angenommen wurde, sondern es handelt sich um elektromagnetische Strahlungsvorgänge, welche noch ziemlich unerforscht, sich in bestimmten Schichten des Gehirns vollziehen. Zusammengefasst: Oberbewusstsein ist die Fähigkeit der 5 Sinne mit allem was dazu gehört. Unterbewusstsein ist die Fähigkeit, alle einmal wahrgenommenen Eindrücke aufzubewaren und unter bestimmten Bedingungen bewusst werden zu lassen.

Diese im Unterbewusstsein lagernden Eindrücke sind auf Psyche und Körper in irgendeiner uns nicht bewussten Weise wirksam. Da sie Spannungskräfte sind, drängen sie nach Ausgleich und Befreiung. Wo sie Hemmungen begegnen, leidet der Mensch, wenn er ihnen nicht natürliche Auswirkungen verschaffen kann. Spontanen Ausgleich haben wir z. B. im Traumleben, so dass „Träume keine Schäume" sind, sondern Anhaltspunkte für irgendwelche Komplikationen seelischer oder körperlicher Art im Menschen. Auch darüber werde ich später sprechen.

14

Können wir also bestimmte positive Eingebungen in das Unterbewusstsein pflanzen, müssen sich diese fruchtbringend auswirken können. Das ist die psychologische Erklärung der Autosuggestion.

Die praktische Anwendung gestaltet sich folgendermaßen: Sie machen in der vorgenannten Weise die Passivitätsübung. Haben sie das Gefühl vollkommener Erschaffung erreicht, so bilden sie sich in Gedanken folgende Formel (nach Coue): „Mit jedem Tag geht es mir in jeder Hinsicht immer besser und besser." Diese Formel bilden sie, indem sie mit den Lippen vor sich hinsprechen, jedoch (mit oder) ohne Stimme. Auch dürfen sie diese zuerst merkwürdig anmutende Art nicht lächerlich finden oder die Formel mechanische denken. Seien sie mit ganzem Ernst bei der Sache und mit der überzeugenden Erwartung, dass es so sein wird. Sprechen sie über diese Übung zu niemanden, wie überhaupt Schweigen das erste Gebot ihrer Selbstschulung ist, um sich nicht durch negative Gedanken entmutigen zu lassen. Schon nach einigen Tagen fühlen sie die Wirkung ihrer Autosuggestion, d. h. es bildet sich von innen heraus in ihnen gesteigerte Positivität, Selbstbewusstsein und Ruhegefühl. Sie fühlen, es geht ihnen tatsächlich besser in jeder Beziehung und das unterstützen sie durch umso freudigere Ausführung ihrer Übungen. Lassen sie andere denken und reden, was sie wollen, sie haben ein Mittel, um auf sich fruchtbringend einzuwirken. Das genügt!

Haben sie so die Bestätigung der Wirksamkeit ihrer Autosuggestionen, gehen sie einen Schritt weiter. Sie bilden nun eine Formel in Bezug auf ihre Konzentrationsfähigkeit folgendermaßen: „Mit jeden Tag kann ich in jeder Hinsicht meine Gedankenkräfte besser sammeln." Sie fühlen schon, wo ich hinaus will. Das ist vorerst eine allgemeine Formel, die all ihre Kräfte aktiviert. Sie können, sobald sie die Autosuggestion beherrschen, bestimmte Fähigkeiten dadurch steigern. Der Konzentrationsmangel liegt ja bei jedem individuell auf anderen Gebieten. Nur müssen sie sich merken: In ihren Formeln dürfen nie drei Worte vorkommen: Dürfen, sollen und müssen. Die Formel kann auch einen negativen Sinn enthalten. Am besten: Nie – ich muss – oder ich soll –, sondern nur: Ich bin – oder ich will – und dann den positiven Inhalt der Formel: Ich hoffe, sie haben nun die Praxis der Autosuggestion verstanden. Noch einmal: Vollkommene Passivität, bilden der Gedankenformel, formuliert durch die Lippen ohne Stimme ca. 20 bis 30 mal. Diese Übung abwechselnd mit der reinen Passivität einen Tag um den anderen, bis der Erfolg sie befriedigt.

Wenn sie diese allgemeinen Vorübungen beherrschen, haben sie durch

Erlebnis zwei Kräfte in ihrem Körper kennengelernt, die sie als Werkzeuge ausbilden und anwenden können: Die Kraft des Atems und die Passivität als lösende, aktivierende Strömung im Menschen, welche Seele und Körper beeinflusst.

Die Autosuggestion, welche durch das Unterbewusstsein neue Impulse weckt und von Innen auf Seele und Körper wirkt.

Alle ferneren Übungen hängen von der Beherrschung dieser beiden Kräfte ab, darum musste ich sie ausführlicher schildern, obwohl es eine große Literatur darüber gibt. Das wahre, tiefe Geheimnis des Atems und der Suggestion, die große Tiefenwirkung und Kraftstrahlungserzeugung Beider, haben wenige erkannt und recht gewertet.

Alles hängt davon ab – **ob sie den nötigen Ernst aufbringen** – unbeeinflusst von materialistischen Vernunfts- und Verstandesmenschen – schweigend und ausdauernd den Weg der praktischen Erfahrung und Erprobung gehen.

II. Kapitel

Weiteres Erfordernis zur Erlernung wirklicher Konzentration ist die Instandhaltung des Körpers – als Werkzeug des Geistes. Geistige Kräfte können nur gebildet werden, wenn der Körper durch den Willen alle verfügbaren Kräfte transmutieren kann zu gewünschten Zwecken! Körperpflege – innerlich und äußerlich – sorgt für den reibungslosen Kräfteaustausch.

Äußerlich sorgen sie vor allem für genügend Hautatmung. Die Haut mit der geheimnisvollen Porentätigkeit ist neben der Lunge das wichtigste Atmungsorgan.

Verstopfung und Untätigkeit der Haut bedingen Stoffwechselstörungen – Anfälligkeiten für Krankheiten aller Art.

Die alten Kulturvölker können uns Vorbild sein, für sie war die äußere Reinigung Symbol der inneren und einbegriffen in ihre religiösen Riten und Kulthandlungen.

Praktisch müssen sie auch hier bereits Konzentration üben in allen äußerlichen Handlungen. Nichts darf getan werden, ohne dass ihre Vorstellungskraft dabei beteiligt ist. Auch das Geringste ist wert mit mentaler Einstellung vorgenommen zu werden. Tägliches Baden, wie es oft geschieht, ist ungesund und kraftentziehend. Dem Körper wird zu viel Wärme und Strahlkraft entzogen (Odkraft).

Und das (zu viele) kalte Abduschen (Leitungswasser!) gleich nach dem ist, trotz der scheinbaren Erfrischung, für die Nerven schädlich und zeitig oft ernste Störungen der Rückenmarksnerven.

Sie müssen wissen, dass Leitungswasser totes Wasser ist, im Gegensatz zum lebendigen Quellwasser der Natur, welches mineralische Stoffe und besonders viel Od enthält (Elektromagnetische Kräfte).

Richtig und notwendig ist es, den Körper morgens und abends mit Wasser (Zimmertemperatur) durch die Hände abzuspülen und massierend mit Kreisbewegungen der Handflächen nachzureiben. Dann erst abtrocknen durch ein weiches Frotte-Handtuch bis zur leichten Rötung der Haut.

Diese Anwendung ist unschädlich und erreicht genügend Durchblutung der Haut und Anregung der Porentätigkeit.

Das Wichtigste ist aber die Einsalbung der Haut mit Hautfunktionsöl nach jeder Wasseranwendung.

Ich sagte schon, dass die Hautatmung für die Gesundheit notwendig ist. Verstopfung der Poren und gelähmte Tätigkeit dieser wichtigen

Mechanismen führen zu körperlichen und seelischen Störungen. Wasser entzieht dem Körper nicht nur Wärme und Strahlungskraft, sondern der Haut den notwendigen Fettstoff der zur Tätigkeit der Poren unerlässlich ist. Besonders aber die Anwendung der Seife und moderner, scharfer Kosmetika verschlimmern dieses Übel. Beides ist also einzuschränken bzw. der Haut die notwendige natürliche Fettstoffnahrung wieder zuzuführen. Das geschieht durch Einsalben eines Hautfunktionsöles, welches aber nur aus pflanzlichen Ölen bestehen darf und in seiner Zusammensetzung die Hauttätigkeit besonders anregt.

Gesunde Haut und Körperpflege ist also folgendes: Morgens und abends Abreibung in vorgenannter Weise. Hinterher Einölung. Es ist darauf zu achten, die stellen des Körpers, wo sich Drüsen befinden, stärker mit Öl zu benetzen. Also – Achselhöhlen, Leistendrüsengegend und Innenflächen der Arme und Beine. Von diesen Zentren wird das Öl mit den Handballen unter kreisförmigen Bewegungen über den ganzen Körper verteilt. Auch die Füße (besonders Fußsohlen) dürfen nicht vergessen werden.

Das Öl muss gänzlich in die Haut eingerieben werden. Es darf kein Fettglanz zurückbleiben und nur das Notwendige verbraucht werden. Ein zu viel ist überflüssig.

Ein- bis zweimal in der Woche ein heißes oder warmes Vollbad je nach Konstitution und Verträglichkeit. Höchstens bis 15 Minuten im Wasser bleiben und hinterher eine kühlere Nachspülung des Körpers (Nicht kalt! Kein Abduschen!).

Die Seifenbenutzung ist einzuschränken oder sie benutzen nur milde Pflanzenfettseifen (Olivenölseife). Besser ist es, den Körper öfter mit feinem Seesand oder Seesandmandelkleie oder mit einem Luffaschwamm frottierend abzureiben. Auch bürsten der Haut mit weichen Hautbürsten ist zweckdienlich.

Alle diese letztgenannten Maßnahmen erhöhen die Blutzirkulation, härten die Haut ab und machen sie widerstandsfähig, rein elastisch und weich. Einölung ist nicht zu vergessen und zwar bei Ganzbädern vor und nach dem Baden.

Das hat besondere medizinische Gründe, einmal vor der Wasseranwendung um Blut- und Wassertemperatur allmählicher auszugleichen und alle Schmutzteilchen sowie die toten Zellen der Epidermis zu erweichen und zu lösen und nach dem Bade aus den ihnen schon bekannten Gründen. Bei Bädern im Freien, auch Luftbäder, ist die Einölung stärker vorzunehmen und viele Erkältungen und sonstige Beschwerden können vermieden werden.

Es ist gut, wenn sie ihren nackten Körper recht oft und lange Licht, Luft und Sonne aussetzen können. Sie unterstützen damit alle notwendigen Funktionen und nehmen Strahlungskräfte in erhöhtem Maße auf, die sie dann zweckdienlich umformen und gebrauchen können. Bei all diesen Handlungen der Reinheit und Körperpflege seien sie ganz bei der Sache. Üben sie auch hier schon Sammlung, d. h. nicht oberflächlich und gezwungen ausführen, sondern bei jeder Handlung werden sie sich bewusst, was sie tun, warum sie es tun. Fühlen sie sich ganz ein, dann wächst in ihnen Freude und Ansporn.

Ihr Körper reagiert auf diese seelische Einstellung mit erhöhtem Wohl- und Gesundheitsgefühl. Alle Funktionen werden leichter, freudiger und dienen der Kraftsammlung. Wenn sie wissen, welche Wechselbeziehung zwischen Körper und Seele besteht, werden sie verstehen, dass die Art der Nahrungsaufnahme von Bedeutung ist. Darüber gibt es genug belehrende Literatur, und ich will nur die wichtigsten Faktoren anführen, die allgemein beachtet werden müssen.

Die Ernährungsfrage ist eine rein individuelle und niemals einseitige oder formelhaft zu lösen.

Sie hat sich nach den jeweiligen **elektromagnetischen** Kräften und konstitutionellen Anlagen eines Jeden zu richten. In allen Naturreichen – Mineral-, Pflanzen-, Tier- und Menschenreich – finden wir die beiden Spannungsverhältnisse Positiv – Negativ nach bestimmten Gesetzen sich auswirken. Die Synthese dieser beiden Grundkräfte im Dritten – Neutralen (Akasha) – oder Harmonischen bedingt in allem gesunde, biologische Entwicklung aller Daseinszustände. Das gilt im Besonderen vom Menschen und seiner Ernährung. Der relativ gesunde Mensch findet durch seine Intuition und Kenntnis seines Körpers den rechten Weg in seiner Ernährung durch Maßhalten und Wunschwahl der notwendigen Baustoffe für seinen Körper.

So ist ein **quantitatives** zu Viel an Nahrung Belastung und Störung für den Körper und Nerven.

Qualitativ naturgerechte Nahrung im Einklang vorgenannter Gesetze schafft Gesundheit, Entwicklung und Entlassung des Stoffwechsels.

Die genannten Naturreiche – im Besonderen der Mensch – werden von den beiden größten Planetarischen Körpern – Sonne und Mond (Erde) – beeinflusst. Nach Wachtelborn ist die Sonne durch elektrische Kraft wirksam, in ihrem Einfluss also geben, warm und positiv.

Der Mond – als Gegenpol – ist wirksam durch magnetische Kraft – also kalt, empfangend und negativ.

Die Gesetze haben natürlich Einfluss auf Pflanzen und Tierreich. So finden wir in weiteren Abteilungen der Grundgesetze, dass tierische Nahrung wärmeerzeugende, also elektrische Kräfte erzeugt, pflanzliche Nahrung dagegen magnetische Kräfte übermittelt.

Tierische Nahrung ist also positive Nahrung, pflanzliche Nahrung negativ. Zwischen beiden steht die Rohkost als idealste, synthetische Nahrungsweise, welche beide Polaritätskräfte in sich birgt. Auf Einzelfragen kann ich hier nicht eingehen und muss auf die entsprechende Literatur verweisen.

Ist also der Mensch konstitutionell aktiv, positiv, warm, heißblütig, wird er zum Ausgleich entweder als Ideal entsprechende Rohkost oder pflanzliche Nahrung bevorzugen müssen. Umgekehrt natürlich die Entsprechung.

Damit sind die Grundprinzipien der Ernährung festgelegt. Praktisch ist zu beachten, dass alle Manipulationen der Nahrungsaufnahme bewusst geschehen müssen. Konzentrieren sie sich beim Essen und Trinken auf die differenzierten Geschmacksunterschiede. Denken sie auch an den aufbauenden Zweck der Nahrungsmittel – den Kräfteaustausch und vermeiden sie jede Hast und Ablenkung. Sie werden über die Resultate erfreut sein und schon hier ahnen, wie wirksam jeder Prozess im Körper unterstützt wird durch die bewusst Vorstellungskraft und Einfluss gewinnt auch auf die seelische Funktionen.

Zusammenfassend kann gesagt werden: Die Grundlagen jeder Konzentrationsfähigkeit bestehen in der Betrachtung der einfachen biologischen Gesetze – Atmung – Körperpflege und Ernährung, in Verbindung mit der bewussten Passivität und Autosuggestion.

Nur auf diesem gefestigten Fundament können sie durch besondere psychische und mechanische Konzentrationsübungen ihre Fähigkeiten allseitig (=4-polig) steigern.

Alle äußeren Manipulationen sind zwecklos, wenn sie nicht durch das gesunde und geeignete Instrument – Körper – psychisch und physisch ausgeführt werden. Erlangung wirklicher Konzentrationsfähigkeit bedeutet rastlose Arbeit an sich selbst durch Selbsterkenntnis, Beobachtung und immerwährende Erprobung und Übung.

Kein Alter und Beruf bilden Hemmnisse oder Unmöglichkeiten, jeder Zeit mit dieser Selbstschulung zu beginnen, und wo der rechte Wille ist, wird immer ein Weg gefunden werden können.

III. Kapitel

Ich will ihnen nun spezielle Übungen mitteilen, welche die Konzentrationsfähigkeit der einzelnen physischen und psychischen Faktoren ermöglicht.

A. Passivität

Neben der geschilderten einfachen Passivitätsübung, welche Grundlegend ist, können sie noch besondere – Stilleübungen – vornehmen, um die Sammlung und Beherrschung des Körpers, besonders der Muskeln, zu üben.
Jede unnütze Bewegung entgegen der Harmonie des Ganzen ist Kraftverlust und Zerstreuung. Geistige Konzentration und Höchstleistung erzielen sie nur durch unbedingte Beherrschung und Stillesein des Körpers. Alle nervösen Angewohntheiten stören und müssen beseitigt werden und der physische Organismus muss ihnen gehorchen und folgen, nicht umgekehrt! Für dieses Ziel folgende Übung:

I. Übung:

Setzen sie sich in gerader Haltung (nicht gekrampft) an einen Tisch. Legen sie beide Handflächen nebeneinander auf die Tischplatte, so dass sich die Daumen leicht berühren.
Atmen sie tief, ruhig ohne Unterbrechung. Nun blicken sie – rechts beginnend – ruhig und gesammelt auf jeden Nagel der einzelnen Finger, die leicht gespreizt sind. Bis zum kleinen Finger der linken Hand, und wieder zurück usw. Bei jedem Blickwechsel sagen sie innerlich mit ganzer Vorstellungskraft:

„Mein Körper ist ganz still und ruhig.“

Beginnen sie mit 5 Minuten. Langsam steigern bis 30 Minuten.
Bedingungen: Körper unbedingt still und ruhig halten, keine Bewegung, kein Zucken der Finger oder Augenlider, aber auch keinen Muskel spannen oder krampfen. Sie sind ganz vertieft in ihre Manipulation, ihr Körper ist vollkommen still – ausgeschaltet. Sie dürfen nicht nervös werden, die Übung nicht unterbrechen. Atmen nicht anhalten oder stocken.
Diese Übung scheint leicht, ist aber ziemlich schwer, denn ihr Körper wird

21

sich wehren, wird das Stillesein unterbrechen wollen. Lassen sie sich nicht unterjochen, bleiben sie Beherrscher ihres Körpers. Jedes Gelingen gibt ihnen Ruhe, Mut, neue Tatkraft und Selbstvertrauen.

II. Übung

Setzen sie sich auf einen Stuhl, gerade und ungezwungen. Stellen sie die Beine recht gewinkelt nebeneinander in einem Abstand von 20-30 cm. Füße parallel! Schließen sie nun die Hände zur Faust, ohne Krampfung, ganz leicht, und legen sie die Faustrücken auf ihre Oberschenkel an die Kniegrenzen. Arme auch möglichst rechtwinklig.

Atmung ruhig, tief, ununterbrochen, aber ohne Betonung! Ihr Blick ruht auf ihrer linken Faust auf dem Daumen.

Nun öffnen sie ganz langsam Finger um Finger bis in die Strecklage. Ihr Blick beharrt bei jedem Finger solange, bis er gestreckt ist. Die geöffneten Hände still halten!

So gehen sie von links nach rechts. Dann schließen sie die Finger wieder von rechts nach links in derselben Weise, indem sie bei der rechten Hand mit dem kleinen Finger beginnen.

In dieser Art üben sie, anfangend mit fünf Minuten bis 30 Minuten. Bedingung analog der Übung I.

Seien sie ganz bei der Sache und ausdauernd, wenn sie auch zu Anfang glauben, es nicht aushalten zu können.

Wenn es aber gar nicht gehen will und sie nervös oder ärgerlich zu werden drohen, dann unterbrechen sie die Übung ein paar Minuten (drei bis fünf Minuten), pfeifen oder singen ein Lied, atmen sie tief, sagen sie sich innerlich, „es wird mir gelingen, ich werde Herr über meinen Körper." Und dann wieder frisch an die Übung, bis ihnen ihre Anfangszeit gelingt durchzuhalten!

Während des Fingeröffnens und -schließens geben sie sich folgende Suggestion: „Ich bin ganz ruhig, mein Körper gehorcht mir."

Diese Übung gibt ihnen, stärker noch als die erste, Ruhe, Selbstbeherrschung, Geduld, Sammlung ihrer Körperkräfte. Merken sie sich, dass das einfachste von stärkster Wirkung ist. Versuchen sie es unermüdlich und seien sie hart gegen sich! Sie werden erfreut sein über die unterstützende Wirkung dieser Übung für ihre Passivitätsübung des ganzen Körpers.

III. Übung

Stellen sie sich aufrecht hin, ohne Muskelanspannung. Nehmen sie ein bis an den Rand mit Wasser gefülltes Glas, und stellen es auf ihre linke Handfläche bei seitlich gestrecktem Arm in Schulterhöhe. Drehen sie zwanglos den Kopf nach links und fixieren sie unausgesetzt die Wasserfläche.

Autosuggestion: Mein Körper ist ruhig, ich bin ganz ruhig, ich beherrsche meinen Körper vollständig.

So stehen sie – angefangen mit fünf Minuten bis 30 Minuten – still, konzentriert mit tiefen, ruhigen, ununterbrochenen Atem. Dann wechseln sie mit der rechten Hand.

Auch diese Übung gibt ihnen besondere Beherrschung des Körpers in bewusster Konzentration. Weitere Übungen können sie selbst finden, Bedingung ist, entweder Festhalten einer körperanstrengenden Lage, oder rhythmisch, monotone Bewegungen, beides verbunden mit Blickfixierung, normalen Atem, vollständiger Konzentration und entsprechende Autosuggestion auf den Zweck der Körperbeherrschung und des Stilleseins!

B. Konzentration im Atem

Im ersten Kapitel habe ich grundlegend über den Atem gesprochen, und den Vollatem als einzige richtige Atmungsart bezeichnet. Ich gebe ihnen eine Atemübung, welche besonders auf Psyche und Körper einwirken. Worin die Tiefenwirkung besteht, kann ich ihnen hier nicht erklären, nur soviel sei gesagt, dass gewisse östliche Völker in der Atembeherrschung eine Vollkommenheit erreicht haben, die übermenschlich erscheint.

Es genügt, wenn sie die Vorschriften genau befolgen und die Wirkung praktisch feststellen.

Durch ausdauernde Übung wird ihr Atemrhythmus sich allmählich wandeln. Sie atmen ruhiger und tiefer. Die erhöhte Sauerstoffaufnahme wirkt regulierend und reinigend auf die Blut- und Lymphbeschaffenheit ein, der Stoffwechsel des Körpers wird erhöht, die Drüsentätigkeit gesteigert. Das alles bedeutet für den Körper Entlastung, und bedingt größere Kraftaufnahme und Entfaltung. *Sie sollten sich daran gewöhnen, Atemübungen als Notwendigkeit in den Regellauf des Tages aufzunehmen.* Benutzen sie ihre freie Zeit, um in frische Luft tief und voll zu atmen.

Ihr Übungen machen sie (wenn daran gewöhnt) bei offenen Fenster in leichtester Bekleidung. (Hautatmung!).

Atmen sie immer, wenn nicht besonders vorgeschrieben, durch die Nase ein, durch den Mund aus.

Achten sie auf gründliches Ausatmen, um die verbrauchte Rückstandsluft auszuatmen.

Zwischen Ein- und Ausatmen wird eine Pause gemacht, das Atemanhalten, welche besondere Bedeutung hat. Sie wird bei den Übungen angegeben werden.

Nach jedem Ausatmen warten sie in entspannter Haltung, bis sie einatmen müssen.

Sie werden dann zwanglos tief und voll einatmen. Denken sie aber immer an den wichtigsten Grundsatz: Nicht atmen wollen, sondern atmen lassen!

I. Übung:

Stellen sie sich in locker freien Stand auf, Beine etwas gespreizt, Füße parallel. Kopf hoch und Halsmuskeln locker, Kreuz gerade, Körper ein wenig nach vorne geneigt.

Ausatmen mit halb geöffneten Mund (weicher Aushauch, kein Nachpressen) und leichter Vorbeugung und Einbeugung der Oberarm-Schulter-Schlüsselbeinpartie.

Aufrichten des Körpers und ausgeatmet warten.

Dann leicht, voll, tief von unten nach oben (Vollatem) durch die Nase einatmen! (Halsmuskeln locker) Atem kurz, ohne Pressung und Spannung anhalten! Dann Atem aus in vorgenannter Weise.

Diese Übung mindestens fünfmal und ein- bis zweimal täglich.

II. Übung:

Beherrschen sie die Technik, so schalten sie den Rhythmus ein. Sie atmen fünf Sekunden ein, halten drei Sekunden an und atmen sieben Sekunden aus. (Ausgeatmet warten!). Nach Empfinden und Können steigern sie allmählich, 7 – 5 – 9, 9 – 7 – 11, 11 – 9 – 13. Das ist das rhythmische Atmen, welches ihren Körper in harmonische Schwingungen bringt und wohltuend auf ihr Seelenleben einwirkt

III. Übung:

Beherrschen sie die vorherige Übung, aber nur dann, gehen sie zum vergeistigten Atem über, sie atmen nicht mehr nur technisch, sondern sie schalten autosuggestiv ihre Vorstellungskraft ein durch bestimmte Formeln. Sie werden sich bewusst, dass sie nicht nur Luft im allgemeinen Sinne einatmen, sondern die Ätherkraft des Kosmos, die Lebenskraft, welche in der atmosphärischen Luft in hohen Maße vorhanden ist. So einigen sie alle Kräfte im Atemstrom, und dieser bewusste Kraftaustausch zwischen Körper und Natur, der rückwirkend in ungeahnter Weise auf ihre seelischen Funktionen wirkt, an den die Tätigkeit jeder Zelle mitwirkend gebunden ist, nennt man den konzentrierten, den in allem gesammelten – Atem!

Die psychischen und physischen Wirkungen werden ihnen zeigen, was die wahre Konzentration vermag, welche ihre Vitalität in jeder Beziehung befruchtend beeinflusst und durch die Reflexwirkungen festigend und veredelnd einwirkt auf die Entwicklung ihrer gesamten Persönlichkeit.

Praktisch üben sie wie in Übung II angegeben, nur schalten sie folgende Formeln ein.

Beim Einatmen denken sie mit fühlender Vorstellungskraft:
> *„Ich atme die mit Lebenskraft geladene Luft ein"*

Beim Anhalten des Atems:
> *„Mein Körper entzieht der eingeatmeten Luft die Lebenskraft!"*

Beim Ausatmen:
> *„Die Lebenskraft strömt durch meinen ganzen Körper*
> *und ist mein Besitz!"*

Ausgeatmet warten! Vergessen sie nie diese Pause, welche sehr wichtig ist und den ganzen Atemprozess vertieft. Auch diese wichtige Übung machen sie morgens und abends drei bis fünfmal.

Sie dürfen diese Formeln nicht krampfhaft oder gleichgültig denken, sie müssen die Lebenskraft in ihrer Vorstellung sehen und fühlen und die Kraft in ihrem Körper erleben. Ein Gefühl befreiender Kraft, geistiger Regsamkeit und wundersamer innerer Harmonie wird der Lohn sein!

IV. Übung:

Sie wissen, dass die Sonne als Gegenpol des Mondes (Erde) lebensnotwendig ist für das gesamte Dasein. Die Sonnenstrahlen haben eigene Wirkung auch auf den menschlichen Körper. Sie enthalten konzentrierte Lebenskraft. Wo sie fehlen, verkümmert das Leben, entfalten sich Krankheiten. Die Menschen der Großstädte kranken oft an dieser Sonnenarmut und haben besondere Sehnsucht nach Licht und Sonne. Durch eine Konzentrationsatmung können sie die Sonnenkraft intensiver auf sich wirken lassen und ihren Körper kräftigen und gesunden. Die Übung gilt in Sonderheit natürlich, wenn ihnen Sonne zur Verfügung steht und darf nur während des Sonnenaufstiegs vorgenommen werden, also von Sonnenaufgang bis mittags! Sie gewinnt an Bedeutung und Wirksamkeit im Freien, in frischer, reiner Luft auf einsamer Heide oder stiller Waldlichtung. Sie soll möglichst unbekleidet geübt werden, damit jede Körperzone und -Zelle Sonne trinken kann.

Sie nehmen die Grundstellung der Übung I ein. Gesicht zur Sonne. Voll ausatmen und warten! (Körper locker, nicht spannen). Nun atmen sie voll, tief, ruhig durch die Nase ein, und erheben dabei die Arme in rhythmischen Außenbogen mit geschlossenen Händen nach oben über ihren Kopf. Dabei gehen sie in den Zehenstand. (Wenn sie es können!). Atem anhalten. Kopf leicht zurückgebeugt, Augen geschlossen, Hände flach geöffnet, zur Sonne gekehrt in den Ellbogen leicht geknickt, Finger geschlossen wie zu einer flachen Schale.

Dann Hände schließen und mit Atem aus in weitem, breitem Bogen leicht nach unten führen. Kopf leicht senken. (Aus dem Zehenstand niedergehen). Ausatmen durch halbgeöffneten Munde oder Nase! Die ganze Übung drei- bis fünfmal. Beherrschen sie die Übung technisch, schalten sie in gleicher Weise wie bei Übung III die Formel ein, nur wählen sie statt des Wortes „Lebenskraft" – Sonnenkraft.

So trinken sie bewusst und konzentriert die kosmische Kraft der Sonne und werden durch die psychischen und physischen Wirkungen ein Erlebnis erfahren, das sie zum frohen, freudigen Menschen macht und das Leben erschauen lässt.

V. Übung:

Ich gebe ihnen noch eine letzte Übung. Sie entstammt dem indischen Hatha-Yoga-System und ist stärkste Konzentration im Atem! Hatha-Yoga (Vereinigung des Atems) ist ein uraltes Atemlehrsystem von tiefster Wirkung auf den Menschen. Die Erklärung ihrer Wirkung kann ich nur andeuten und verweise auf die entsprechende Literatur. Im Menschen gibt es **elektromagnetische** Kräfte, deren Polungsströme sich nach kosmischen

26

Schwingungen richten, welche der Inder Tattwas (**Elemente**) nennt. Diese Tattwas, welche in zweistündigem Zyklus strömen, beeinflussen den Menschen und äußern sich im rechts- bzw. linksseitigen Nasenatemstrom. Die Inder nennen deshalb nach der Stromart den Rechts-Nasenatem Surya-Atem, d. h. Sonnen-Atem und den Links-Atem Chandra-Atem, d. i. Mondatem. Beim relativ gesunden Menschen äußert sich dieser Stromwechsel körperlich, indem der Nasenatem auf einer Seite immer etwas leichter als auf der anderen strömt. Das können sie nachprüfen.

Bringen sie also ihren Atem in Einklang mit diesen Tattwa-Schwingungen, so ist naturgemäß die Wirkung eine ungleich tiefere und nachhaltigere.

Die Übung fordert freies Atemspiel im Körper und schärfste Konzentration aller Kräfte. Das ist der Grund, warum ich sie ihnen empfehle. Manche Erklärungen wären noch nötig zu dieser Übung (siehe „Adepten"), jedoch für ihre Praxis genügt das Gesagte.

Sie setzen sich auf einen Stuhl, der ihnen möglich macht, die Beine in Hüften, Knieen und Fußgelenke rechtwinklig zu beugen. Füße parallel und in einem Abstand von ca. 20-30 cm. Körper aufrecht, Kreuz gerade, nicht angelehnt. Körper ruht locker in den Hüften und fest auf beiden Gesäßknochen! Arme ebenfalls winklig gebeugt, Hände flach auf den Oberschenkeln ruhend, (Handflächen nach unten) mit den Knieen abschneidend. (Fingerspitzen!). Kopf leicht nach vorn gebeugt.

Sie kontrollieren, auf welcher Seite der Nasenstrom leichter fließt, damit beginnen sie.

Sie atmen voll aus und warten! Dann drücken sie mit dem Zeigefinger der betreffenden Hand (wo der Nasenstrom schwerer strömt), die übrigen Finger leicht zur Faust geschlossen, das betreffende Nasenloch fest zu.

Nun atmen sie voll und tief durch das leichtatmende Nasenloch ein, dabei Kopf leicht heben und Ellbogen hoch.

Dann Atem anhalten, Augen schließen, zudrücken des offenen Nasenloches durch den Zeigefinger der entsprechenden Hand.

Hierauf öffnen des zuerst geschlossenen Nasenloches, indem sie die Hand flach öffnen (Fläche nach oben, außen gekehrt) und ausatmen durch dieses Nasenloch, ruhig, sanft, fließend. Kopf leicht wieder senken. Ausgeatmet warten!

Dann durch dasselbe Nasenloch wieder einatmen, schließen, Atem an, andere Seite öffnen, Atem aus und so fort in eben beschriebener Weise.

So kompliziert die Übung zuerst erscheint, so leicht ist sie in Wirklichkeit. Es ist eine Wechselübung der Rechts- und Linksnasenatmung. Die Wirkung wird sie überraschen. Es ist Erlebnis in Atemrhythmus, Konzentration, Bewegung und Einströmen kosmischer Kräfte (Vorsicht vor der Wirkung der Fluide! Siehe „Adepten" 8. Stufe. Der Hrsg.).

Alle Bewegungen machen sie ohne Kraftanstrengung und Spannung, leicht, locker und konzentriert!

Auch bei dieser Übung schalten sie, sofern sie die Technik beherrschen, die Formeln der Übung III ein.

Sie können diese Übung erst fruchtbringend ausführen, wenn sie die Übungen I bis IV restlos beherrschen. Gehen sie (sehr) langsam vorwärts! Alles ist Entwicklung. Auch ihre Konzentrationsfähigkeit wächst im Rhythmus von Spannung und Lösung!

Seien sie nicht sprunghaft und bewahren sie Geduld und Ausdauer! Die ganze Übung (z. B. rechts-links = einmal) üben sie einmal täglich drei- bis fünfmal.

IV. Kapitel
C. Konzentration im Willen und Denken

Die Sammlung der Willensstärke ist anhängig von der gesunden Funktion des Gehirnes. Ich muss es mir versagen, den Willen psychologisch und philosophisch zu beleuchten. Er ist die komplizierteste Lebenserscheinung und schon im primitiven Lebewesen, dem Einzeller, feststellbar. Je höher nun die Entwicklung eines Lebewesens, desto zusammengesetzter die Willensfunktion. Der Philosoph Ebbinghaus sagt: „Der Wille ist der vorausschauend gewordene Trieb."
Nun hat Prof. Dr. Carl Schleich experimentell bewiesen, dass die beiden Gehirnhälften des Großhirns (Cerebrum) verschiedene Funktionstätigkeiten besitzen. Wir wissen auch, dass sie die Körperhälften entgegengesetzt beeinflussen, rechte Gehirnhälfte – linke Körperseite und umgekehrt. Zwischen Gehirn und Körper besteht enge Wechselbeziehung und gegenseitige Beeinflussbarkeit.
In Allgemeinen sind die Menschen Rechtshänder, d. h. die rechte Körperhälfte ist besser entwickelt und leichter tätig in allen Funktionsverrichtungen. Das aber bedeutet intensivere Durchblutung der linken Gehirnhälfte und damit ihre bessere Entwicklung. Umgekehrt ist durch mangelhafte linksseitige Betätigung die rechte Gehirnhälfte schlechter entwickelt. Dieser oft beträchtliche Unterschied macht sich körperlich und seelisch bemerkbar und hemmt oft die Willens- und Denkfunktionen an ihrer Entfaltung. Davon wird auch die Konzentrationsfähigkeit betroffen. Sie können aber durch entsprechende Übungen körperlicher Art die rechte Gehirnhälfte beeinflussen, gleichsam trainieren. Die Erfolge und Kraftsteigerungen aller Gehirnfunktionen (Wille – Denken – Fühlen) sind so erstaunlich, dass sie die angewendete Mühe und Ausdauer rechtfertigen. Weitere Theoreme darüber sind zwecklos, üben sie ungefähr ein halbes Jahr in dieser Weise und sie werden über ihre Entwicklung zufrieden sein.

I. Übung:

Einige gymnastische Übungen mit Betonung der linken Körperhälfte, mit richtigem Atem sind die besten Vorübungen für schwerere Übungen ähnlicher Art. Ausdauer, Konzentration auf den Zweck jeder Übung sind Bedingung, auf die sie besonders achten müssen.
a) Aufrechter Stand, Beine leicht gespreizt, Körper locker, Ausatmen und

warten!

Voll einatmen (Nase) dabei linken Arm seitwärts heben bis Schulterhöhe und Kopf links drehen bis Kinn über der Schulter steht.

Atem an! Armmuskeln spannen (nur links!) Kopf drehen im Halsmuskel (möglichst weit seitlich-hinten).

Atem aus! Muskeln erschlaffen, Arm senken, Kopf nach vorne drehen! Nicht überanstrengen und die Bewegungen dem Atemrhythmus anpassen. Ein- bis zweimal täglich je fünf- bis siebenmal üben.

b) Stellung wie in Übung a, ausatmen, warten.

Atem ein und wie in a, dann Hand zur Faust ballen. (Nicht krampfhaft). Atem an! Armmuskeln spannen, Kopf locker, Blick fest auf die Faust gerichtet. Arm beugen im Ellenbogen, Faust langsam mit steigender Spannungskraft an die Schulter ziehen und schnell, federnd zurückstoßen. Dreimal, später fünfmal. Atem aus, Erschlaffung und Stellung wie in a. Täglich ein- bis zweimal und höchstens die ganze Übung dreimal hintereinander.

Vergessen sie nicht die Konzentration durch Blickfixierung auf Bewegung und Spannung. Innere Vorstellung auf den Zweck jeder Übung. Bei Schmerzempfindungen in der rechten Oberkopfseite vorsichtig üben, Ruhe einschalten.

c) Aufrechter Stand, Füße parallel geschlossen, Hände leicht auf die Hüften gestützt. Atem aus und warten.

Atem ein und linkes Bein im Knie rechtwinklig heben, so hoch wie möglich, Körper gerade. Atem anhalten und Unterschenkel vom Knie aus vorwärtsschleudern, Beinmuskeln spannen und locker, leicht im Kniegelenk zurückfallen lassen. Dreimal, Blick mit Konzentration auf den Fuß und Bewegungsvorgang gerichtet. Atem aus, Muskeln erschlaffen, Bein zur Grundübung zurückstellen! Die ganze Übung drei- bis fünfmal, ein- bis zweimal täglich!

II. Übung:

Die Schreibtätigkeit übt stärksten Einfluss aus auf Körper und Psyche und damit auch auf das Gehirn. Zu Ausbildung der rechten Gehirnhälfte müssen sie mit der linken Hand schreiben lernen. Auch bei Verletzungen und Unglücksfällen kann ihnen diese Fähigkeit sehr zu statten kommen.

Machen sie ein halbes Jahr systematische Schreibübungen in nachfolgender Weise und sie werden eine allseitige Entwicklung erfahren, welche sich in der Steigerung aller Funktionen des Körpers und der Seele äußern wird. Gehen sie langsam vorwärts und verlieren sie nicht die Geduld. Zum Abschreiben nehmen sie Goethes Faust I. Teil oder sonst ein Werk, aus dem sie gleichzeitig tiefe Weisheiten lernen können. Setzen sie sich bequem an einen Tisch, in der üblichen Schreibhaltung. Achten sie darauf, dass ihr Körper zur Tischkante einen nach links offenen Winkel bildet. Die Schreibunterlage ist nach rechts geneigt und die Schrift liegt links einwärts. Schreiben sie täglich in dieser Weise. Die Übung ist anstrengend und darf nicht übertrieben werden. Bei Ermüdungs-erscheinungen, Schmerzen, Krampfzuständen müssen sie aufhören mit üben. Beginnen sie mit täglich 10 Minuten bis zu einer halben Stunde. Halten sie den Federhalter (selbstverständlich nur mit Tinte schreiben!) locker, mit gestreckten Zeigefinger, nicht gekrampft. Benutzen sie weiche Federn und gutes, nicht faserndes Papier. Zuerst werden ihre Schriftzeichen wohl unleserlichen Hyroglyphen ähneln und sie werden oft nicht wissen, wie ein Buchstabe aussieht oder wie sie ihn schreiben sollen. Sie werden manchmal die Geduld verlieren, das Atmen vergessen, den Federhalter fortwerfen wollen! Aber gemach, nach einigen Wochen wird die Schrift klarer, es beginnt ihnen Freude zu machen, sie lernen dabei und werden vielleicht mit Feuereifer üben. Aber – nicht übertreiben, immer im Rhythmus von Spannung und Lösung! Sie müssen bei dieser Schreibübung mit allen Sinnen bei der Sache sein, dürfen das tiefe Atmen nicht vergessen, müssen sich ganz vertiefen in ihre Tätigkeit, darum sind diese Übung die besten zur Erlangung allseitiger Konzentration! In der Menschheitsgeschichte gibt es genug Beispiele, die beweisen, wie durch Bildung der rechten Gehirnhälfte das geniale Schaffen, die geistigen Fähigkeiten gesteigert werden. Denken sie an den Maler Prof. Menzel, von dem es allgemein bekannt war und ist. Auch in den Schulungsmethoden und Lehren der östlichen Völker (Inder) finden sie diese Kenntnis und bestimmte Übungen. Bei Menschen, die von Geburt an Linkshänder sind, gilt natürlich alles Gesagte im umgekehrten Sinne. Sie müssen die linke Gehirnhälfte trainieren und darum rechtsseitige Übungen vornehmen.

III. Übung

Zu der folgenden Übung gehört Mut und Zeit. Aber wenn sie den Wert erkannt haben, werden sie nicht zögern, sie doch durchzuführen. Stellen sie sich vor, ihre rechte Hand, noch besser ihr rechter Arm wäre verletzt oder gelähmt, jedenfalls zu keine Tätigkeit zu gebrauchen. Sie sind streng angewiesen, den Arm für eine Zeit, welche sie sich selbst wählen müssen (vier Wochen oder ein Vierteljahr?) in einer Binde zu tragen.

Konsequent, ohne Ausnahme, müssen sie – alle – Vorrichtungen nur mit dem linken Arm, der linken Hand ausüben. Was das bedeutet, wie schwer es praktisch ist, erfahren sie, wenn sie die Übung probeweise einmal den ganzen Tag durchhalten. Sie erfordert ja viel Geduld, Selbstdisziplin, Beherrschung, allseitige Konzentration, dass sie daraus schon auf die Wirkung schließen können!

Ich weiß, dass viele davor zurückschrecken werden und – unmöglich sagen, aber ich gab ihnen diese Übung, weil sie notwendig und von erstaunlicher Tiefenwirkung ist – psychisch und physisch! Ernst und wirklich konsequent durchgeführt auf längere Zeit, kann sie den Menschen völlig umpolen und umwandeln!

Mit diesen drei Übungen können sie die rechte Gehirnhälfte genügend entwickeln, damit auf das Konzentrationszentrum einwirken und wiederum Kräfte sammeln, welche für den Lebenskampf, für ihre körperliche und seelische Entwicklung in jeder Beziehung von Bedeutung sein werden.

Vergessen sie aber niemals, dass sie alle Übungen mit Freude, aus eigenem Willen in Erkenntnis des Zieles vornehmen müssen, immer auf das Gesetz des Rhythmus achtend, d. h. Spannung und Lösung in harmonischen Wechsel, angepasst ihrer Konstitution!

D. Konzentration im Denken

Eng verbunden mit der Willensfunktion ist das Denken. Oberflächliches, zerstreutes Denken führt zur Unharmonie, Zerissenheit, Krankheit. Viele nervöse Erscheinungen, Arbeitsunlust, Minderwertigkeitsgefühle, Lebensüberdruss, mangelnde Ideen, gelähmte Vitalität sind auf falsches, nicht konzentriertes Denken zurückzuführen. Menschen, die sich im Denken nicht sammeln können, verbrauchen zu viel Kräfte und leiden an Gedächtnisschwäche und Erinnerungsmangel.

Alle Funktionen im Wollen, Denken, Fühlen und Handeln sind eng verknüpft untereinander und beeinflussen sich gegenseitig. Wenn ich in diesem Buch die Funktionen trenne durch besondere Übungen, geschieht es aus systematischen Gründen der Klarheit und Praxis. Es ist selbstverständlich, dass jede angegebene Übung über den speziellen Wirkungskreis hinaus auch die anderen Funktionen in der einen oder anderen Art beeinflusst.

So werden sie gewiss für bestimmte Übungen eigene Sympathie empfinden und diese bevorzugen. Werden sie aber nicht **einseitig,** sondern nehmen sie aus der Fülle der Übungen die heraus, welche sie besonders benötigen. Alle Übungen sind jahrelang erprobt und auf die Wirkungen geprüft. Darnach handeln sie! Richtig denken heißt – plastisch denken.

So muss die innere Vorstellungskraft durch die äußeren Sinne geschult werden. Sie muss ihrem klaren, geschulten Willen unterstehen und von ihnen sorgsam gelenkt werden. Sie müssen die Fähigkeit besitzen, das Denken aus- und einschalten zu können! Sie dürfen nicht mechanisch Denken, ohne innere Anteilnahme, sondern jeder Gedanke muss plastisch formenhaft gefühlt, innerlich gesehen, erlebt werden. Dazu gehört Gedankenklarheit und Ordnung im Willensgetriebe.

Wenn alles in ihnen willkürlich durcheinandergeht, können sie keine Erfolge erzielen. Die Übungen A und B des III. Kapitels mit den Anweisungen im Kapitel I und II geben ihnen Atem- und Körperbeherrschung. Äußere Konzentration (Sammlung der Kräfte) bedingt auch allmählich innere Ruhe, da wie sie wissen, Seele und Körper in enger Wechselbeziehung stehen.

Sie verstehen jetzt auch, warum das Fundament, die Grundlage, notwendig ist, um fruchtbringend aufzubauen. Nur mechanische Konzentrationsübungen ohne diese Vorbedingungen sind ganz zwecklos und nur belastend. Aber, so vorbereitet werden die folgenden Übungen ihren inneren

Menschen entwickeln, alle psychischen Kräfte sammeln und ihnen Harmonie, Kraft und Entfaltung bringen für ihre gesamte Lebenstätigkeit.

I. Übung

Gehen sie in ein stilles ungestörtes Zimmer. Heften sie Tafel I so an die Wand, dass der Mittelpunkt sich in ihrer Augenhöhe befindet, wenn sie ca. zwei Meter davor auf einen Stuhl gerade sitzen. Beleuchtung von seitwärts oder vom Rücken aus. Wenn sie ständig Augengläser tragen, dürfen diese nicht abgenommen werden.

Nun setzen sie sich in einen Abstand von ca. zwei Meter (individuell verschieden, Zeichnung muss klar sein) auf einen Stuhl. Körper in Hüften, Knieen und Fußgelenken rechtwinkelig gebeugt. Rücken nicht anlehnen, Kreuz gerade. Körper ruht fest auf den Gesäßknochen. Arme rechtwinkelig mit Handrücken nach unten auf den Oberschenkeln ruhend, so dass die Fingerspitzen mit den Knieen abschneiden. Alle Muskeln locker, keine Krampfung und Verspannung. Halsmuskeln besonders lockern, Kopf gerade, Kinn leicht angezogen!

Nun atmen sie voll, tief, ruhig ohne Betonung. Niemals darf der Atem bei diesen Übungen stocken oder angehalten werden. Darauf müssen sie besonders achten.

Nun schauen sie ruhigen Blickes auf den Mittelpunkt der Tafel I. Unverwandt ruhen ihre Augen auf dem schwarzen Punkt, ohne Starrheit, ohne die Lider zu weiten. Blick und Atmung ruhig und im Einklang. Unbeweglich ist dabei der Körper, kein Muskel bewegt sich, auch kein Augenlid darf blinzeln. Sie beginnen mit drei bis 10 Minuten. Diese Übung und die folgenden schulen gleichzeitig die Festigkeit ihres Blickes und befreien ihre Augen von nervösem Blinzeln. Sie entwickeln damit den stetigen, festen Zentralblick, welchen sie im praktischen Leben anwenden können. Er ist äußerliches Mittel um die gesammelten Kräfte durch den Blick auf einen anderen Menschen wirken zu lassen. Auch auf Tiere hat dieser Blick zwingende Wirkung. Sie wenden ihn an, wenn sie auf einen Menschen besonders wirken wollen, jedoch nie zu selbstsüchtigen oder schädlichen Zwecken. Merken sie sich folgendes: Spricht ein Mensch mit ihnen, so schauen sie nie in seine Augen, denn sonst unterliegen sie leichter der Beeinflussung. Hören sie aufmerksam zu, schauen sie unauffällig auf seine Stirn oder seinen Mund, nur nicht in seine Augen.

Sprechen sie aber mit jemanden, und wollen auf ihn wirken, schauen sie fest auf seine Nasenwurzel. Nicht starrend, auch nicht herausfordernd, sondern ruhig und fest, wie bei ihrer Übung. So dringen ihre Gedanken leichter in ihn und sie erzielen tiefere Persönlichkeitswirkung.

Sie dürfen den Zentralblick nicht dauernd und immer anwenden, sondern nur wenn sie etwas Besonderes erreichen wollen.

Das Bewusstsein dieser Blickkraft macht sie positiv und selbstsicher, und das ist zur Konzentrationsfähigkeit wichtig, wie auch im Umgang mit Menschen im praktischen Leben! Versuchen sie es und die Wirkungen werden nicht ausbleiben.

Nun zurück zu unserer Übung. Sie schauen also auf den Mittelpunkt der Tafel I. Wenn die Augen tränen oder brennen, brechen sie die Übung ab und nehmen ein Augenbad. Sie tauchen ihr Gesicht in stubenwarmes Wasser und öffnen unter Wasser drei- bis fünfmal die Augen. Darauf trocknen sie die Augen durch Abtupfen mit einem weichen Handtuch. Diese Maßnahme stärkt Augennerven und Muskeln und kann täglich morgens und abends allgemein gemacht werden. Sie wird ihnen immer nutzen.

Optische Reflexerscheinungen während der Blickübung dürfen sie nicht stören, achten sie nur darauf, dass ihr Bewusstsein immer klar bleibt. Während sie den Mittelpunkt fixieren, geben sie sich innerlich mit ganzer Vorstellungskraft folgende Autosuggestion:

„Mein Körper ist ganz ruhig. Meine Gedanken sind gesammelt.
Ich bin ganz konzentriert!"

Anfangs nach ca. drei Minuten schließen sie die Augen. Tief weiter atmen! Sie werden dann auf schwarzem Grunde die Figur deutlich und klar in weißer Linienführung erblicken. Schauen sie ruhig weiter auf den nunmehr weißen Mittelpunkt und denken dabei folgendes:

„Alle Kräfte sind in mir gesammelt. Ich bin ruhig, beherrscht und im
Mittelpunkt meines Wesens."

Dann öffnen sie die Augen, atmen bewusst tief, nehmen ihr Augenbad und die Übung ist damit beendet. Diese erste Übung habe ich ausführlich beschrieben. Alle weiteren sind im Grunde dieselben, nur in der Wirkung auf ihr Denken und Vorstellen verschieden.

Die Zeichnungen sind auf optische Wirkungen eingestellt und praktisch erprobt. Jede wirkt individuell anders und sammelt ihr Denken und Vorstellen in anderer Form.

Mit allen vorgenannten Vorbereitungen werden gerade diese Übungen auf sie besonders wirken. Ihre inneren Kräfte werden erwachen, ihr Denken und Wollen wird klarer und selbstbewusster. Sie werden ihr Leben zielgerichteter einstellen.

Wenn sie die Zeichnungen und Überlegungen betrachten, werden sie fühlen, dass sie äußerliche Symbole darstellen, für die daran geknüpften inneren, psychischen Erlebnisse und Vorgänge. Das ist der Zweck und wenn sie das erfühlen, dieses Sammeln aller Kräfte in einem Punkte, darnach ihre Lebenseinteilung einrichten und auch Menschen und Welt von dieser Einstellung aus betrachten, wird sich ihnen allmählich ein tiefes Geheimnis offenbaren – das Erfühlen des Mittelpunktes alles Seins, von dem alles ausstrahlt und zurückkehrt – der auch ihr wahrer Mittelpunkt (Akasha) sein sollte – zu dem sich alles konzentriert – „Gott" oder die „Urkraft", in welcher alle Kräfte zentralisiert sind, und im ewigen kosmischen Kreislauf sich lösen und binden.

II. Übung:

Nehmen sie Tafel II. Heften sie sie in der selben Weise an eine Wand, wie in Übung I. Alles andere bleibt wie in voriger Weise.

Blicken sie nicht auf den Mittelpunkt, sondern schauen sie ihn an, d. h. saugen sie mit dem Blick und Vorstellung die Zeichnung in sich ein! Autosuggestion während des Anschauens:

> *„Alle meine Kräfte sammeln sich in mir.*
> *Ich bin körperlich und geistig konzentriert."*

Schließen sie die Augen, schauen sie weiter auf den weißen Mittelpunkt und denken:

> *„Alle Kräfte sind in mir gesammelt.*
> *Mein Wille beherrscht die Konzentration!"*

Wenn das Bild ihrer Vorstellung (Reflexbild) verschwindet, öffnen sie die Augen, atmen bewusst tief und beenden die Übung.

Die beiden Übungen für ihre Denkkonzentration sind wirksam und anstrengend. Sie dürfen nicht übertrieben werden. Üben sie jede Übung einmal am Tag, vielleicht auch nur dreimal in der Woche. Sie beginnen, wie schon erwähnt, mit drei Minuten, steigern im Rhythmus ihrer Kraftsteigerung langsam bis zu 10 Minuten. Das ist bereits Höchstleistung und gewisser Entwicklungsabschluss.

36

V. Kapitel
E. Konzentration im Fühlen

Die Gefühlskräfte des Menschen, seine Affekte, Begierden, Leidenschaften, sein gesamtes Triebwollen machen ihm viel Hemmnisse und Bedrängnisse. Allzu viele, welche damit nicht fertig werden, entweder in ihrem Triebleben ertrinken oder durch falsche Askese im Tatwollen vertrocknen und verdorren. Der wahre Weg des Menschen aber führt mitten durch die Menschheit, gesammelt in Tat- und Triebwollen, fest im Lebensmeere stehend umbraust von der Brandung und doch ohne Wanken, stahlhart und wie Stahl zugleich geschmeidig.

Alles höchste im Menschen kommt aus seinen Trieben, seinem Fühlen, aber auch alles Tiefste entspringt dieser Wurzel, wenn sie unbeherrscht und ungeschult ist. Triebe sind in Wahrheit des Menschen quellende Kräfte, aber wilde Sturzbäche, die alles niederreißen, wenn nicht konzentrierte Kraft sie staut und lenkt.

Durch Selbsterkenntnis und Selbstanalyse finden sie ihre Fehler, erkennen sie und sammeln sie ihre Kräfte zur Abwehr und Änderung. Vieles wäre noch zu sagen über alle Teilgebiete des Fühlens, das würde jedoch den Rahmen des Werkes überschreiten. Aber wissen müssen sie es und ich verweise auf die entsprechende Literatur. Haben sie nun durch die Übungen des IV. Kapitels Klarheit gewonnen im Willen und Denken, wird auch ihr Fühlen schon beeinflusst sein.

Werden sie sich ihres Gefühls in jeder Beziehung bewusst, suchen sie immer Ursache und Zweck zu erforschen und richten sie danach ihr Denken und Handeln. Niemals darf ein Gefühl sie überkommen ohne ihre Bewusstheit, ohne dass sie Rechenschaft darüber geben. Fürchten sie nicht, dadurch nüchtern oder kalt zu werden. Sie sollen nur erkennen und prüfen, ihre Handlungsfreiheit bleibt in jedem Gefühle ihnen überlassen. Im Gegenteil, durch solche Gefühlskontrolle verhindern sie Zersplitterung ihres Fühlens, werden niemals zwecklose Kräfte vergeuden wie so viele Menschen.

Wollen sie aber ihr Gefühl verströmen lassen zu irgendwelchen Zwecken, so ist es ein konzentriertes Fühlen, eine Flamme von starker Tiefenwirkung für sie und andere. So nur erleben sie im Fühlen richtig, so nur können sie im Austausch Kräfte ausstrahlen und werden nie erschöpft oder verkrampft, denn sie handeln im Sinne der Natur – erst Kraftsammlung durch stärkste Konzentration, dann Ausstrahlung und Austausch. Das ist Entwicklung!

Mechanische Konzentrationsübungen für das Fühlen gibt es wenig, denn hier ist alles nach innen gerichtet und nur durch Einstellung, Beobachtung erfassbar.

I. Übung:

Jedoch wird die folgende Übung ihnen manches erleichtern. Nehmen sie Tafel III. Befestigen sie sie wie in den anderen Übungen. Erfüllen sie die übrigen Bedingungen wie vorher. Sie sehen, dass die Zeichnung unruhiger ist, sie hat Helle und Dunkel in verschiedener Stärke und Fläche. Stellen sie sich so ihr Gefühlsleben vor, hell und dunkel, Höhen und Tiefen, verschieden in Intensität und Wirkung. Und – wie auf der Tafel doch alles rhythmisch zusammenschwingt in dem einen Mittelpunkte gesammelt, so soll es auch in ihrem Fühlen sein, rhythmische, beherrschte Schwingungen, trotz aller Verschiedenheit im Mittelpunkte gesammelt, d. h. von ihrem Willen beherrscht und gelenkt.

Diese Überlegungen denken sie, wenn sie vor der Tafel III sitzen, ehe sie beginnen.

Dann heften sie ihren Blich ruhig auf den Mittelpunkt, atmen sie tief und beachten sie alle Bedingungen. Während des Schauens geben sie sich folgende Autosuggestion mit aller Vorstellungskraft und stärksten Erfühlen innerlich:

„Meine Gefühlskräfte durchströmen mich.“
„Ich werde mein Fühlen unter meinen Willen sammeln.“
„Ich kann mich im Fühlen konzentrieren.“

Schließen sie die Augen und fühlen sie in ihrer Vorstellung denkend, den Blick auf den weißen Mittelpunkt gerichtet:

„Mein Wille beherrscht mein Fühlen.“
„Mein Fühlen ist konzentriert.“
„Ich bin mit meinem Fühlen harmonisch.“

Öffnen sie die Augen, stehen sie auf, atmen sie ganz tief, befreiend und voll, breiten sie die Arme aus und denken sie mit entspanntem, frohem Gesichtsausdruck:

„Mein Gefühl ist meine Kraft.“
„Meine Kraft bin – Ich!“

Dann erst beenden sie die Übung mit einigen einfachen tiefen Atemzügen.

Ein frohes, harmonisches Gefühl wird sie durchströmen. Ein Bewusstsein gesammelter Kraft, die nicht erschüttert werden kann, so gehen sie positiv und durch Gefühle gesammelt an ihre Alltagsaufgaben. Wie wird ihnen alles leichter werden, und sie werden eine Sphäre ausstrahlen, die beherrscht und zwingt, in der andere gerne verweilen und in der sich alle ihre Kräfte harmonisch entfalten. Die innere Strahlungskraft des Menschen, bewusst entwickelt und gelenkt, ist das Geheimnis seiner Wirksamkeit und höchsten Entwicklung. Auch diese Übung höchstens dreimal in der Woche.

*

Aus jahrelanger Praxis gab ich ihnen einige Übungen zur Erlangung der Konzentrationsfähigkeit. Sie sind vielfach erprobt und wirksam befunden.

Wie aber in allem, so ist auch dieses nur ein Weg von Vielen, welcher helfen soll zur Entwicklung der Menschen im Sinne des jetzigen Zeitalters.

Hart ist der Lebenskampf, mehr denn je stoßen sich eng im Raume die Kräfte und Unmenschliches wird von unserer Sinnestätigkeit verlangt durch die vielfach steigende Zahl der Eindrücke.

Das Wegziel im Auge zu behalten, sich selbst nicht zu verlieren, erfordert Sammlung, Konzentration aller Kräfte auch im Kleinsten.

Manches Gute über Konzentration ist gesagt und geschrieben worden und ich stelle dieserhalb meine Ausführungen als Ergänzung in die Reihe der anderen. Undogmatisch, ohne Zwang, aufgebaut auf natürliche Entwicklungsgesetze und Kräfte im Menschen, gab ich ihnen die Anweisungen so einfach wie möglich, um sie für jedermann brauchbar zu machen. Wenn ich manches streifte, was ihren Wissensdurst anregte und sie vielleicht ahnend fühlen ließ, dass noch andere Kräfte und Anschauungen dahinter stehen, nun, so forschen und wünschen sie unbeirrt weiter, und die Konzentration ihrer Kräfte wird ihnen den Weg führen und öffnen.

VI. Kapitel
F. Vergeistigte Kraftkonzentration

Alle bisherigen Anweisungen und Übungen beschäftigen sich mit der Konzentration in Körper und Seele, im Atmen, Denken, Wollen und Fühlen. Nun aber müssen sie sich auch konzentrieren lernen auf alle Kräfte außer ihnen, welche sie heranziehen und in sich sammeln. Der Mensch ist ja in der Kette der Menschheit und des Kosmos ein wichtiges Glied und somit einheitlich verbunden in der Gesamtheit. In diesem Bewusstsein ist Kraftsammlung von außen nach innen und Kraftstrahlung von innen nach außen erst Erfüllung des Gesetzes des Kräfteaustausches, welches allein nur harmonische Entwicklung des Individuums und der Gesamtheit ermöglicht. Aber erst wenn sie in sich gefestigt sind, können sie diese vergeistigte Kraftkonzentration ausüben, denn erst dann sind sie brauchbares Glied in der Kette geworden. Die vergeistigte Kraftkonzentration ist eine Vorstufe zur Meditation, d. h. Versenkung, Innenschau. Folgende Übungen sind im besonderem wirksam und geben ihnen das Erlebnis des Ein- und Ausströmens aller guten und aufbauenden Kräfte.

I. Übung:

Nehmen sie Tafel IV. Beachten sie alle schon öfters erwähnten Maßnahmen. In der Körperhaltung ändert sich nur die Lage der Hände. Sie halten die Handflächen nach oben gekehrt. Schauen sie fest auf den Mittelpunkt und stellen sich Hand der Zeichnung einen Trichter vor, dessen Mittelpunkt – sie – ihr Selbst – sind.

Atmen sie tief aus und warten sie. Dann atmen sie besonders langsam durch die Nase tief, voll mit innerer Einstellung des Einsaugens – ein. Während Atem ein und an, halten sie folgende Autosuggestion fest – klar – plastisch – mit vollem Erfühlen:

„Ich bin konzentriert im Mittelpunkt meines Wesens."
„Alle guten und aufbauenden Kräfte im All strömen in mich ein."
„Ich einige alle Kräfte in mir in bewusster Konzentration."

Augen schließen – ausatmen – warten – einatmen – blicken auf den weißen Mittelpunkt und folgende Suggestionen:

„Alle Kräfte sind in mir gesammelt."
„Ich habe alle Kräfte aufgenommen."

„Ich bin selbst konzentrierte Kraft. "
Öffnen sie die Augen – atmen sie tief und beenden die Übung. Richtig ausgeführt steigert diese Übung ihr Kraftgefühl in bewusster Konzentration und gibt ihnen ein wundersames Verbundenheitsgefühl mit allem Seienden. Diese Übung dreimal in der Woche.

II. Übung:

Nehmen sie Tafel V in derselben Weise wie vorher. Haltung wie immer, bis auf die Hände. Sie beugen die Unterarme im Ellenbogen, ziehen sie bis dicht an den Körper mit nach außen gekehrten Handflächen.
Blicken sie auf den Mittelpunkt der Tafel V. Stellen sie sich vor, der Punkt sind sie – ihr Selbst. Dieser Punkt wächst heraus aus der Zeichnung in ausgestreckter Weise. So strahlen sie ihre Kräfte aus ihnen, aus ihrem konzentrierten Kraftzentrum in das All, auf die Menschen als Austausch, Befruchtung und Verbundenheit.
Was sie erhalten und gesammelt, geben sie bewusst zurück, gewandelt und gepolt durch ihre Entwicklung zur geistigen Evolution der Gesamtheit.
In dieser geistigen Geste bewussten Ausstrahlen liegt tiefes Verstehen des kosmischen Gesetzes der polaren Kräfte von Spannung und Lösung, Aufnehmen und Abgeben, kurz des Ur-Rhythmus des Kosmos, welcher ihr Dasein ermöglicht und entwickelt.
Atmen sie tief ein, halten sie den Atem an und atmen sie langsam durch die Nase aus. Beim Ausatmen halten sie folgende Autosuggestion plastisch in ihrer Vorstellung fest:
> *„Aus meinem konzentrierten Kraftzentrum strömt der Überfluss*
> *in das All, auf die Menschen. "*
> *„Ich strahle aus: "*
> *„Gesundheit – Ruhe – Kraft. "*

Schließen sie die Augen – warten sie und atmen tief ein. Fixieren sie den Vorstellungspunkt und atmen wieder langsam durch die Nase aus; dabei folgende Suggestion:
> *„Allen gleichen Kräften aus meiner Fülle: "*
> *„Frieden und Kraft. "*

Sie öffnen die Augen, senken die Unterarme und beenden die Übung mit tiefen Atemzügen.
Die innere Freude geben zu können wird wieder Kraftbewusstsein für sie sein, aber auch Schutzempfindung. Sie wissen, dass sie nur ausstrahlen,

wenn sie es wollen und nichts an sie heran kann, solange sie fest, konzentriert im Mittelpunkt – also in Gott – ihres Wesens stehen.

Sie dürfen diese Übung nur einmal in der Woche ausführen und auch nur dann, wenn sie psychisch und physisch im Vollbesitz ihrer Kräfte sind.

Sie können diese Übung aber auch auf einen Menschen anwenden, dem sie helfen wollen. Praktisch bleibt alles dasselbe, nur nehmen sie statt Tafel V eine Fotografie des Betreffenden oder stellen sich ihn innerlich vor. Die Suggestionsformeln ändern sie wie folgt: Beim Ausatmen Hände etwas vorstrecken, zum Bilde die Handflächen gerichtet oder in der Vorstellung:

„Aus der Fülle meiner Kraft strömt auf „Dich"
Gesundheit – Ruhe – Kraft. "

Beim Augenschluss und Ausatmen:

„Ist es im Sinne des Gesetzes, so wirst Du kraftvoll und ruhig. "

Beenden sie die Übung in beschriebener Weise. Nicht öfter wie dreimal hintereinander, bei vollen Kräften! So können sie einem leidenden Menschen, einem ihnen geistig Wahlverwandten helfen, indem sie den Kraftaustausch auf ihn lenken.

Mit oder ohne sein Wissen werden sie die Wirksamkeit erfahren, und daran ermessen, welche Kräfte sie in sich entwickelt haben.

III. Übung:

Als letzte Übung empfehle ich ihnen eine kosmische Einfühlungsübung. Sie ist schon leichte Meditation, aber wunderbar zum Ansporn einer Höherentwicklung, zur Erkenntnis des Sinnes des Lebens und des Kosmos, ein Ziel, das ihnen einzig erstrebenswert erscheinen müßte! Was sind dann Welt und Menschen, was Enttäuschung und Leid.

Auf Tafel VI finden sie ein kosmisches Symbol. Der Inder nennt es den fünfblättrigen Lotus. Es ist das Fünfeck, das Pentagramm in symbolischer Form.

Dieses Fünfeck nun birgt in sich die Zahlenmaße des goldenen Schnittes, jener geheimnisvollen, mathematischen Formel, die auch in ihrem Körper immer wieder als Verhältniszahl auftritt.

Wenn sie sich in diese Beziehungen hineinvertiefen, müssen sie zum innerlichen Erlebnis einer Ehrfurcht kommen vor der tiefen Gesetzmäßigkeit, welche in allem Sein und auch in ihrem Körper walltet.

Dieser Kraft – Gott – der sie sich hingeben können in bewusster Erkenntnis, dass alles gut ist – so – wie es ist!

Dadurch wächst in Verbundenheitsgefühl mit sich und dem All, Kräfte entfalten sich, von denen sie nichts ahnten und die Natur öffnet ihre Schleier, um sie hineinschauen zu lassen in die eine, einzige, ewige Wahrheit.

Das ist die Wandlung von der Täuschung zum Wissen, die Umpolung all ihrer Kräfte im Einklang mit dem kosmischen Gesetze. Dann erst sind sie auf dem richtigen Wege zur Entwicklung und zur Erkenntnis der wahren Konzentration!

Nun nehmen sie Tafel VI. Alle Vorbedingungen sind wie in Übung I. Die Hände aber kreuzen sie über ihre Brust, rechte Hand unten auf die Herzgegend, linke rechts darüber auf der rechten Brustseite. Blicken sie auf den Mittelpunkt der Scheibe.

Atmen sie tief aus und warten sie. Ihre Gedanken beschäftigen sich mit vorgenannten Vorstellungen.

Sie atmen nun voll und tief ein und halten den Atem an! Dabei folgende Suggestionsformel:

„Mein Wesen ist konzentriert in sich selbst."

„Mein Selbst ist – Gott."

„Ich schwinge in Gott und seiner Kraft."

Nun schließen sie die Augen und senken den Kopf im Ausatmen. Sie verharren ganz still im leichten Atem, schauen auf ihr inneres Vorstellungsbild auf den Mittelpunkt und lauschen nach Innen auf die Antwort ihres – Selbst – ihres Gottes!

Sie werden erleben, was sich nicht beschreiben lässt, was aber so wunderbar ist, dass man die östlichen Völker versteht, wenn sie Stunden und Tage in ihrer heiligen Meditation verharren. Aber eines erfahren sie – „den Frieden, der höher ist denn alle Gewalt!" Dann öffnen sie die Augen, atmen tief und treten an ein Fenster. Breiten sie die Arme aus, legen sie den Kopf nach hinten, schauen sie in die Weite des Himmels! Atem aus – warten – Atem ein. Dabei denken sie, in Atem an:

„Gewaltige Urkraft alles Seins und in mir!"

„Ströme durch mich, sammle meine Kräfte."

„Gib mir Erkenntnis Deiner Wahrheit."

„Sei in mir Frieden und Kraft."

Schließen sie noch einmal die Augen, atmen sie rhythmisch, lassen sie die Schwingungen abklingen. Dann beenden sie die Übungen in bekannter Weise.

Als ein anderer, ein neuer Mensch, werden sie jedes Mal in die Alltagswelt gehen. Positiv und doch fühlend! Immer mehr wächst in ihnen die Synthese zwischen „Ich" und ihrem „Du". Immer mehr werden sie strahlendes, gesammeltes Kraftzentrum im Allbewusstsein.

Glauben sie nicht, dass in allen Übungen Sentimentalität oder Weichheit liegt. Sie werden es praktisch erfahren, welche innere Festigkeit und Kraft dazu gehört. Aber trotz allen Lebenskampfes, trotz aller Rauheit der Menschen, trotz allen Leides werden sie etwas immer behalten und sich bewahren, etwas Notwendiges zur Entwicklung, was leider so viele, arme Menschen verloren haben: „Den Glauben an sich, den Glauben an die Menschheit, den Glauben an die eine, ewige Wahrheit, die wir Gott nennen."

Abschluss:

Ich habe sie einen Weg geführt von Einfachen zum Schweren. Alles was wirklich notwendig ist, um Konzentrationsfähigkeit zu erzielen, habe ich ihnen mitgeteilt. Manches wäre noch zu sagen, was später in ähnlicher Weise geschehen soll.

Aber der Wirkungskreis der Übung geht weiter und tiefer. Die Ausbildung umfasst ihren ganzen Menschen, bringt manche andere Fähigkeiten zur Reife und Entfaltung. Der Weg ist ausgebreitet, aber gehen müssen sie ihn, mit Mut, Kraft und Ausdauer.

Nichts habe ich gewählt, dass nicht jeder ausführen könnte, gleich welchen Standes, welchen Alters.

Dem jungen Menschen wird einiges leichter werden, dem älteren aber wird Erfahrung und Vertiefung helfen.

Absichtlich vermied ich das okkulte Gebiet, jene Wissenschaft innerer Erlösung und Freiheit.

So findet auch der Zweifler, der Skeptiker nichts Übersinnliches, und letzten Endes beweisen Tatsachen und praktische Erfolge.

Unsere Zeit braucht Konzentration, braucht Menschen, Führernaturen, die ihre Kräfte gesammelt haben und beherrschen. Zerstreuung, Zersplitterung war und ist eine der Hauptursachen für den drohenden Untergang des Abendlandes! Im Osten ist noch alles gesammelt und wartet! Worauf warten sie? Handeln sie, damit sie gerüstet sind, wenn das Zeitalter ihre Kräfte braucht. Jeder ist wichtig und gerade sie haben eine besondere Aufgabe zu erfüllen!

Die Frage des Zeitmangels für solche Übungen ist nicht stichhaltig! Für ihre Gesundheit und Entwicklung haben sie Zeit. Teilen sie nur richtig ein und es wird gehen.

In ihrem allgemeinen Leben beachten sie das Gesetz des Maßhaltens. Was Körper und Seele brauchen, müssen sie ihnen geben in rechter Weise und der rechten Zeit!

Alles andere stört und zerstreut ihre Kräfte, sie aber wollen sich doch konzentrieren.

Sie können alles tun, wenn sie Maß halten, sie erreichen nichts, wenn sie verschwenden und sei es im Kleinsten.

Schreiten sie durch ihr Leben mit gesammelter Kraft in allem, und darum fähig zu geben, wo es das Gesetz will, aufrecht und aufrichtig. Niemands Knecht. Ein Eigener, in sich gefestigt in wahrer Erkenntnis des kosmischen

Gesetzes. Schmieden sie das Leben mit dem Hammer ihrer Taten, dadurch helfen sie mit an der Evolution der Menschheit.

Ein Zufall, den es für uns nicht gibt, also ein Gesetz, führte dieses Buch in ihre Hände. Wenn sie diesen Fingerzeig verstehen, ist der Zweck erreicht und sie verbunden mit einem Kraftzentrum Gleichgesinnter, deren Weg sie vielleicht noch einmal in andere Weise kreuzen werden! Das ist mein letzter Wunsch für sie und ihre Entwicklung.

*

Im Anhang finden sie einen Wochenplan als Vorschlag für ihre Übungseinteilung. Es ist immer gut, wenn sie sich zu Anfang in strafferer Zucht nehmen und dazu gehört Selbstdisziplin.

Ich schrieb dieses Buch im Sinne eines Wortes des Wassermannzeitalters, geltend für jeden Menschen, welcher diesen Weg gehen will. Er lautet:

Amor sub voluntate – Liebe unter Willen!

Wochen– und Tagesplan:

Montag – Regelmäßige Übungen (jeden Tag auszuführen)

Morgens:

1. Nach dem Aufstehen: Körperabreibung und Ölung (Kap. II)
2. Vollatmung (Kap. I)
3. Konzentration im Atem (Kap. III)
   B. Übung: I, II und IV.
4. Passivität (Kap. III)
   Übung I und Übung III
5. Konzentration im Willen (Kap. IV)
   Übung a, b und c.
6. Allgemeine Passivität (Kap. I)
7. D. (Kap. IV) Übung I

Während des Tages:

8. B. (Kap. III) Übung V (Yoga-Atem)
9. C. (Kap. IV) Übung II (Schreibübung) und Übung III (Linkstätigkeit)
10. D. (Kap. IV) Übung II (Tafelübung II)

Abends:

11. E. (Kap. V) Übung I (Tafelübung III)
12. B. (Kap. III) Übung V (Yoga-Atem)
13. Körperabreibung und Ölung (Kap. II)
14. Vollatem (Kap. I)
15. Passivität (Kap.I)

Dienstag – Morgens:

1. Nach dem Aufstehen: Körperabreibung und Ölung (Kap. II)
2. Vollatem (Kap. I)
3. B. (Kap. III) Übung III (Vergeistiger Atem)
4. Passivität: (Kap. III) Übung II und Übung III

47

5. C. (Kap. IV) Übung a und c
6. Allgemeine Passivität (Kap. I)
7. B. (Kap. III) Übung II (Rhythmischer Atem) und Übung V (Yoga-Atem)

Während des Tages:

8. D. (Kap. IV) Übung II (Tafelübung II)
9. C. (Kap. IV) Übung II (Schreibübung)
10. E. (Kap. V) Übung I (Tafelübung III)
11. B. (Kap. III) Übung I (Verstärker Vollatem)
12. B. (Kap. III) Übung IV (Sonnenatem)

13. Körperabreibung und Ölung (Kap. II)
14. Vollatem (Kap. I)
15. Passivität (Kap. I)

Mittwoch (Besondere Übungen) – Morgens

1. Nach dem Aufstehen Körperabreibung und Ölung (Kap. II)
2. Vollatem (Kap. I)
3. B. (Kap. III) Übung III (Vergeistiger Atem)
4. F (Kap. VI) Übung I (Tafelübung IV)
5. Allgemeine Passivität (Kap. I)

Während des Tages

6. B. (Kap. III) Übung V (Yoga-Atem)
7. F. (Kap. VI) Übung II (Tafelübung V)
8. D. (Kap. IV) Übung II (Tafelübung II)

9. B. (Kap. III) Übung II (Rhythmischer Atem)
10. F. (Kap. VI) Übung III (Tafelübung VI)
11. Körperabreibung und Ölung (Kap. I)
12. B. (Kap. III) Übung I (Verstärker Vollatem)
13. Passivität (Kap.I)

Donnerstag, Freitag, Sonnabend in gleicher Weise. Sonntag übungsfrei als

48

Entspannung bis auf Punkt 1, 2, 6, 13, 14, 15 der Montagsübungen.

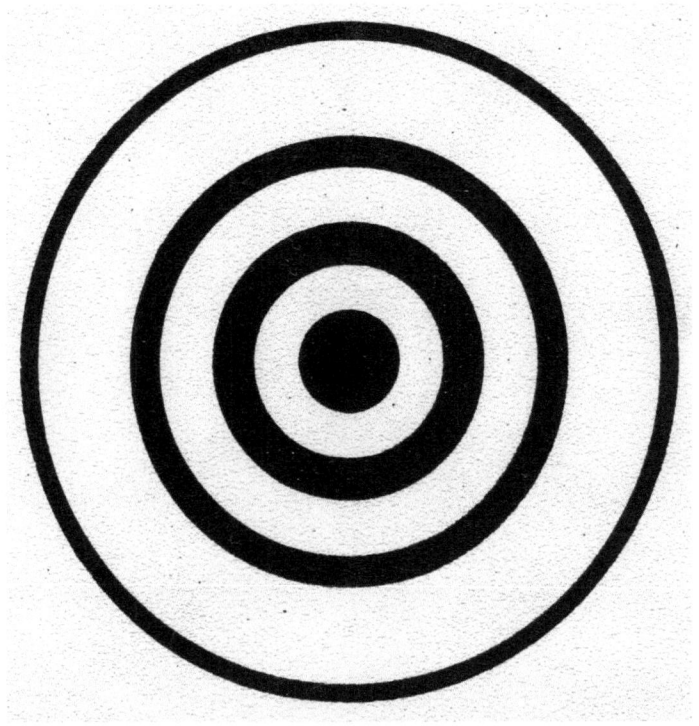

Tafel I

Tafel II

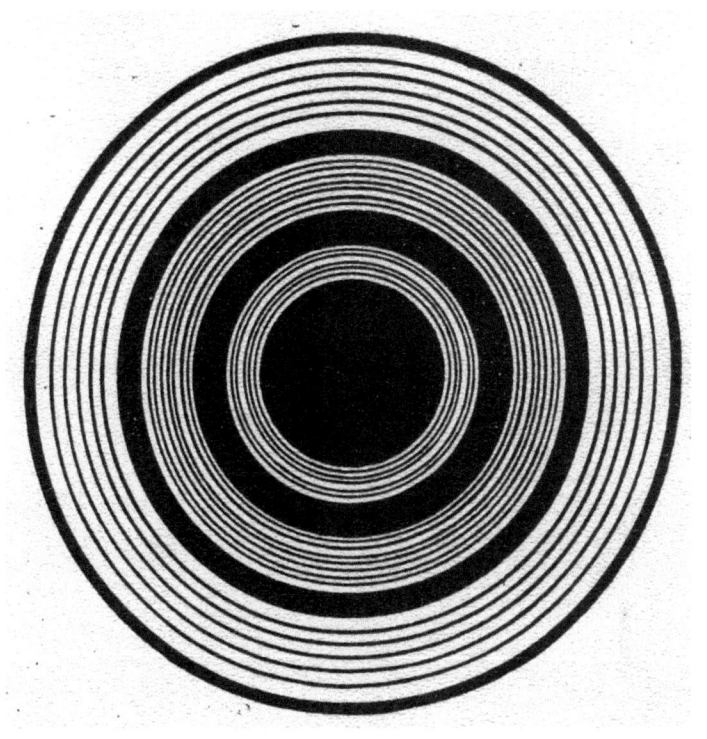

Tafel III

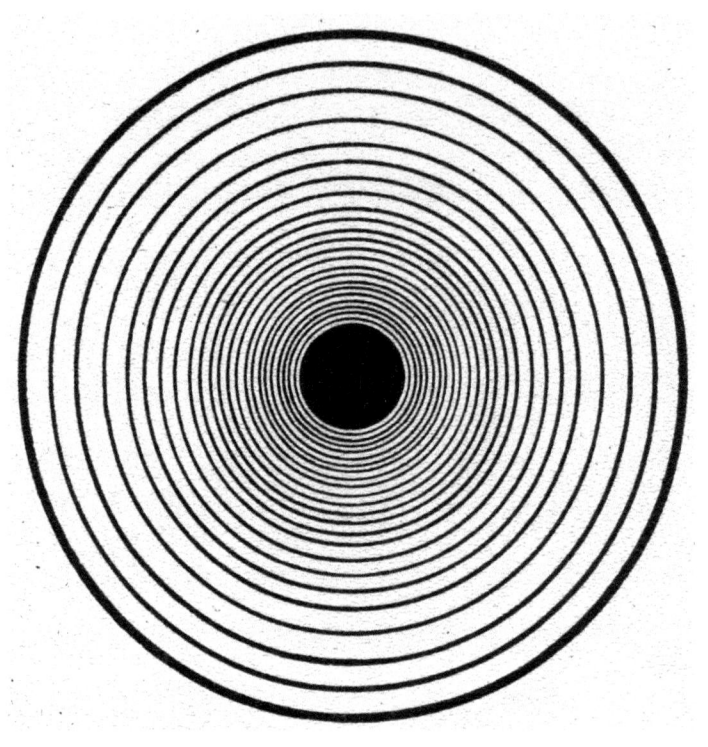

Tafel IV

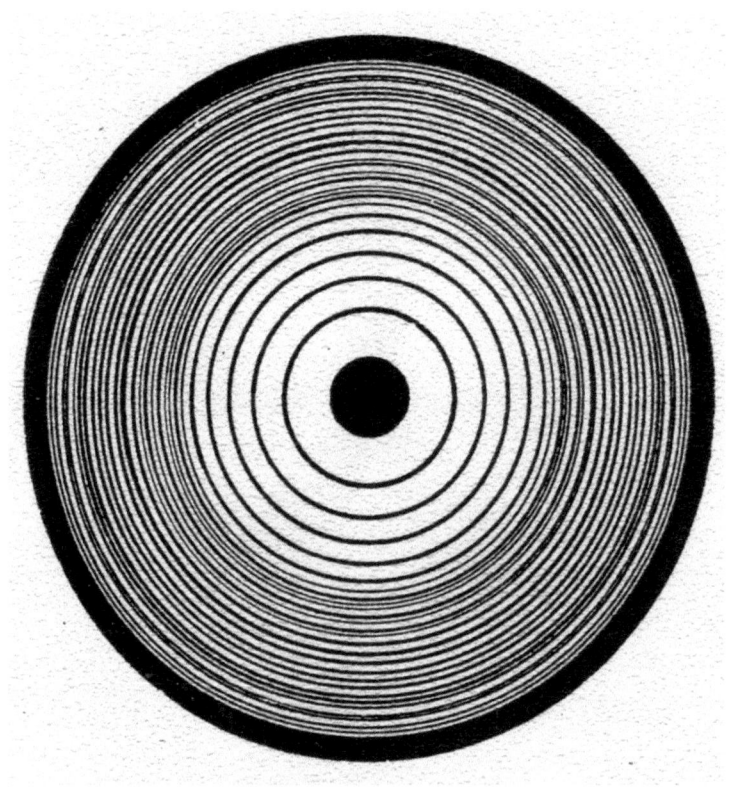

Tafel V

Tafel VI

54

2. Eine Geschichte aus der Hölle
Dr. J. Seton

Leid und Schmerz sind die größten Lehrmeister, die für so viele Menschen jenes große Erwachen schneller und gründlicher herbeiführen. Zuweilen bringt eine Stunde, ja eine Minute mehr zustande, als eine lange Kette „toter", d. h. geistig toter Jahre.

In einem weisen Buche steht geschrieben, dass eine Frau starb und zur Hölle kam, und da sie hörte, dass sie auf tausend Jahre verdammt war, weinte sie und bat um Erlass dieses Urteils. Aber der Teufel weigerte sich, ihrem Wunsch zu willfahren. Da kniete sie nieder und flehte ihn an, sie nur auf eine kleine Weile auf die Erde zurückzulassen, auf dass sie ihren geliebten Gatten noch einmal sähe, ehe sie in die lange Verbannung ginge. Er hätte sie so sehr geliebt, er könne nicht ohne sie leben – sie müsse zurück.

Der Teufel gab endlich nach, und sie kehrte zur Erde zurück zu einem letzten Lebewohl. Süße Musik scholl ihr entgegen. Sie fand sich vor einer großen Kathedrale, aus der Klänge kamen. Ein stattlicher Hochzeitszug näherte sich. Auf Geheiß des Teufels kniete die Frau hin und wartete. Braut und Bräutigam traten aus der Kirche, und die Frau erkannte in dem strahlenden Gesichte des Mannes den heißgeliebten Gatten, der für nichts einen Blicke hatte, als für die neu-gefundene Braut! Das Weib streckte die Hände nach ihm aus, ihre Lippen versuchten vergebens seinen Namen auszusprechen, – er ging weiter. Da kam der Teufel wieder heran und sah ihr tief ins Auge. Sie sank zu Boden.

„Nimm mich mit in die Hölle", flehte sie, „ich bin bereit!"

Doch der Teufel bückte sich und hob sie auf. „Deine Schuld ist getilgt," sagte er, „Du brauchst nicht zurück. Denn in diesem Augenblick hast du tausend Jahre der Hölle durchlebt!"

3. Über das Geschlechtsleben
Übersetzt von Dr. Lomer

Neu-Geist lehrt eine frische, reine, hoffnungsvolle Behandlung dieses anscheinend so dunklen Problems, hält jedoch eine wahllose Aufklärung der Masse nicht für wünschenswert. Wird den jungen Leuten von unerleuchteten Lehrern ohne tieferes Wissen Geschlechtsunterricht erteilt, so ist das nicht nur theoretisch falsch, sondern führt auch unter Umständen vernichtende Folgen herauf.

Jegliche Unterweisung hierüber sollte nur erwachsenen jungen Leuten, niemals Kindern gegeben werden. Ihnen kann man leicht idealisierte Beispiele der Zeugung und Fortpflanzung vorführen, wie sie in der weiteren Natur vorkommen. Hier finden sie alles, was sie späterhin sich selbst – auf den Menschen angewandt – erklären können. Alle groben und frechen Gedanken sollten ausgemerzt bleiben, denn am Ende gibt es im Geschlechtlichen nichts Unreines: Es ist ein Naturgesetz, und erst der Mensch hat es zu einer abstoßenden Sache gemacht und dann gesagt: „Es ist unrein! Man muss stets einen Schleier von Heimlichkeit und falschen Schein darüber breiten!"

Neu-Geist ist der Ansicht, dass in allen Unterrichtsanstalten Abteilungen für die Lehre vom Geschlecht eingerichtet werden sollten, wo nur geeignete Lehrkräfte – nicht unter 50 Jahre alt – diesen Stoff behandeln. Sie müssen erfahren und urteilsfähig genug sein, den verantwortungsvollen Gegenstand ideal, moralisch, sozial, wissenschaftlich und religiös zu behandeln. Die üblichen Gespräche, die zwischen den jungen Leuten über das Geschlechtsleben stattfinden, würden sich durch solche geregelten Erörterungen verbessern. Das Geschlechtsproblem hat eine äußere, exoterisch, und eine innere, esoterische Seite, die sich dem vorgeschrittenen Geiste offenbart. Jedes erwachsene menschliche Wesen sollte mit den Gesetzen bekannt gemacht werden, die es regieren, und wird die empfangene Lehre von der göttlichen Umwandlung der Lebenskraft dann – je nach seiner Entwicklungsstufe und seinem Verständnis für die Wahrheit – auf sich selbst anwenden. Es müsste ein universelles Lehrsystem über diesen wichtigen Gegenstand geben, das in allen Nationen Verbreitung fände. Eingeweihte sollten, nach eingehender gründlicher Prüfung, dieses System in seinen Grundzügen ausarbeiten und nach und nach zur allgemeinen Durchführung bringen.

Das Geschlechtsleben ist ein intimer und unentbehrlicher Faktor in unserem Leben. Vorsicht ist in seiner Behandlung unter allen Umständen erforderlich, besonders für junge Leute, denn es besteht eine enge Beziehung zwischen ihm und unserem Höheren Selbst oder der „Seele". In dem scheinbar toten Samenkorn, das in unserer Hand ruht, liegt dennoch eine geheime Lebenskraft, die aus dem Samenkorn einen ganzen Baum erwachsen lässt, und genau so liegt im Geschlechtlichen die Wurzel von allem, was wir kennen oder uns vorstellen können. Nur Meistersinn versteht mit solchem Problem richtig umzugehen. Man muss daher wünschen, dass diese Fragen für die Massen immer mit einem Schleier der Sittsamkeit umgeben bleiben.

Wir hoffen, dass künftig Institute und Schulen entstehen werden, in denen von Neu-Geist-Anhängern (Hermetikern), ganz unbeeinflusst von persönlichen Vorurteilen, klar und einwandfrei gelehrt wird, wie man die Geschlechtskraft allein zum Nutzen der Menschheit verwenden kann. Diese Lehre wird ein Stab sein in den Händen der strauchelnden Menschen, die mit dem, was sie heute vom Geschlechtsleben wissen, blind den Weg durch Finsternis, Unwissenheit und unangenehme Erfahrungen gehen.

Das Geschlechtsleben in seinem tiefsten Sinne ist die Offenbarung des großen schöpferischen Prinzips im Universum, ist Anfang und Ende des Lebens selber. In seinem primitiven Aspekt einfach Liebesbetätigung und Fortpflanzung, wird es auf höherer Ebene Empfindung und Aktivität, und endlich lernen wir den Trieb erkennen als Mittel zu einer Wiedergeburt der Seele.

Hier liegen große Wahrheiten verborgen, die man nur an passender Stelle wiedergeben kann. Wahrheiten, zu denen ein jeder durch eigene Anschauung heranreifen muss. Unwissenheit und Aberglaube halten heute noch die meisten Menschen von diesen Wahrheiten fern. Aber es ist an der Zeit, dass eine Neuordnung dieser Verhältnisse eintritt. Heute noch wird alles, was an Geschlechtsaufklärung wirklich wertvoll ist, mündlich überliefert und von esoterischen Lehrern im Tempelunterricht gelehrt. Aber nur wenige Schüler kommen ans Ziel. Die Masse jagt ihren Weg weiter, so gut sie eben kann, durch Labyrinthe des Irrtums. Neu-Geist will alle Anstrengungen machen, das Verständnis der Masse einige Stufen höher zu heben.

Worauf es immer ankommen wird, ist: Dass niemand sich versucht fühlt, eine große neue Erkenntnis und die aus ihr entspringenden besonderen Kräfte jemals im bösen Sinne, zum Schaden seiner Mitmenschen zu gebrauchen. Man muss auch hier die wohlbegründete, goldene Regel der Geheimwissenschaften anwenden, die da lautet: Willst du in der Geheimwelt einen Schritt vorwärts machen, so mache zuvor drei Schritte in der eigenen Vervollkommnung zum Guten.

Unerfahrenen Seelen darf der Lehrer natürlicherweise die volle geistige Nahrung noch nicht reichen; er muss sie allmählich entwickeln. Solange gilt und genügt für sie die Nahrung: „Beherrsche dich!", oder: „Dies und das darfst du nicht tun!"

Es wird unserer Einsicht nicht schwer, zu erkennen, dass die menschliche Drei-Einigkeit, Körper, Seele und Geist, der göttlichen von Vater, Sohn und Heiligen Geiste entspringt. Aber die Überzeugung, dass wir imstande sind, wie Christus zu werden, macht uns *noch nicht plötzlich zu einem Christus!*

Auch wenn wir unserer Geheimlehre folgen und uns systematisch vorsagen: „Ich bin ein Geist!", brauchen wir noch längere Zeit, um dieses Geistesbewusstsein durchaus ins tägliche Leben zu übertragen. Wenn wir in Liebe und Barmherzigkeit mit unserem Partner, dem physischen Körper, vereint sind, fangen wir an, zu erkennen, wie im Leben eins auf das andere angewiesen ist und auf sich allein gestellt nicht zu wirken vermag. Richtig verstandene Selbstliebe ist darum ein großer und wichtiger Schritt zur echten geistigen All-Liebe!

4. Sieben Belehrungen der Toten
Geschrieben von Basilides in Alexandria, der Stadt, wo der Osten den Westen berührt.

Sermo I

Die Toten kamen zurück von Jerusalem, wo sie nicht fanden, was sie suchten. Sie begehrten bei mir Einlass und verlangten bei mir Lehre und so lehrte ich sie:

Höret: Ich beginne beim Nichts. Das Nichts ist dasselbe wie die Fülle. In der Unendlichkeit ist voll so gut wie leer. Das Nichts ist leer und voll. Ihr könnt auch ebenso gut etwas anderes vom Nichts sagen, zum Beispiel es sei weiß oder schwarz oder es sei nicht, oder es sei. Ein Unendliches und Ewiges hat keine Eigenschaften, weil es alle Eigenschaften hat. Das Nichts oder die Fülle nennen wir das Pleroma (Akasha). Dort drin hört Denken und Sein auf, denn das Ewige und Unendliche hat keine Eigenschaften. In ihm ist keiner, denn er wäre dann vom Pleroma unterschieden und hätte Eigenschaften, die ihn als etwas vom Pleroma unterschieden. Im Pleroma ist nichts und alles: Es lohnt sich nicht über das Pleroma nachzudenken, denn das hieße: Sich selber auflösen.

Die Kreatur ist nicht im Pleroma, sondern in sich. Das Pleroma ist Anfang und Ende der Kreatur. Es geht durch sie hindurch, wie das Sonnenlicht die Luft überall durchdringt. Obschon das Pleroma durchaus hindurch geht, so hat die Kreatur doch nicht Teil daran, so wie ein vollkommen durchsichtiger Körper weder hell noch dunkel wird durch das Licht, das durch ihn hindurch geht.

Wir sind aber das Pleroma selber, denn wir sind ein Teil des Ewigen und Unendlichen. Wir haben aber nicht teil daran, sondern sind vom Pleroma unendlich weit entfernt, nicht räumlich oder zeitlich, sondern Wesentlich, indem wir uns im Wesen vom Pleroma unterscheiden als Kreatur, die in Zeit und Raum beschränkt ist.

Indem wir aber Teile des Pleroma sind, so ist das Pleroma auch in uns. Auch im kleinsten Punkt ist das Pleroma unendlich, ewig und ganz, denn klein und groß sind Eigenschaften, die in ihm enthalten sind. Es ist dies Nichts, das überall ganz ist und unaufhörlich. Daher rede ich von der Kreatur als einem Teile des Pleroma, nur sinnbildlich, denn das Pleroma ist wirklich nirgends geteilt, denn es ist das Nichts. Wir sind auch das ganze Pleroma, denn sinnbildlich ist das Pleroma der kleinste nur angenommene, nicht seiende Punkt in uns und das unendliche Weltgewölbe um uns.

Warum aber sprechen wir denn überhaupt vom Pleroma, wenn es doch Alles und Nichts ist?

Ich rede davon, um irgendwo zu beginnen, und um Euch den Wahn zu nehmen, dass irgendwo außen oder innen ein von vornherein Festes oder irgendwie Bestimmtes sei. Alles sogenannte Feste oder Bestimmte ist nur verhältnismäßig. Nur das dem Wandel Unterworfene ist fest und bestimmt. Das Wandelbare aber ist die Kreatur, also ist sie das einzig Feste und Bestimmte, denn sie hat Eigenschaften, ja sie ist selber Eigenschaft.

Wir erheben die Frage: Wie ist die Kreatur entstanden? Die Kreaturen sind entstanden, nicht aber die Kreatur, denn sie ist die Eigenschaft des Pleroma selber, so gut wie die Nichtschöpfung, der ewige Tod. Kreatur ist immer und überall, Tod ist immer und überall. Das Pleroma hat alles, Unterschiedenheit und Ununterschiedenheit.

Die Unterschiedenheit ist die Kreatur. Sie ist unterschieden. Unterschiedenheit ist ihr Wesen, darum unterscheidet sie auch. Darum unterscheidet der Mensch, denn sein Wesen ist Unterschiedenheit. Darum unterscheidet er auch die Eigenschaften des Pleroma, die nicht sind. Er unterscheidet sie aus seinem Wesen heraus. Darum muss der Mensch von den Eigenschaften des Pleroma reden, die nicht sind.

Ihr sagt: Was nützt es, davon zu reden? Du sagtest doch selbst, es lohne sich nicht, über das Pleroma zu denken.

Ich sagte Euch das, um Euch vom Wahne zu befreien, dass man über das Pleroma denken könne. Wenn wir die Eigenschaften des Pleroma unterscheiden, so reden wir aus unsrer Unterschiedenheit und über unsre Unterschiedenheit, und haben nichts gesagt über das Pleroma. Über unsere Unterschiedenheit aber zu reden ist notwendig, damit wir uns genügend unterscheiden können. Unser Wesen ist Unterschiedenheit. Wenn wir diesem Wesen nicht getreu sind, so unterscheiden wir uns ungenügend. Wir müssen darum Unterscheidungen der Eigenschaften machen.

Ihr fragt: Was schadet es, sich nicht zu unterscheiden?

Wenn wir nicht unterscheiden, dann geraten wir über unser Wesen hinaus, über die Kreatur hinaus und fallen in die Ununterschiedenheit, die die andere Eigenschaft des Pleroma ist. Wir fallen in das Pleroma selber und geben es auf, Kreatur zu sein. Wir verfallen der Auflösung im Nichts. Das ist der Tod der Kreatur. Also sterben wir in dem Maße, als wir nicht unterscheiden. Darum geht das natürliche Streben der Kreatur auf Unterschiedenheit, Kampf gegen uranfängliche, gefährliche Gleichheit.

Dies nennt man das Principium Individuationis. Dieses Prinzip ist das Wesen der Kreatur. Ihr seht daraus, warum die Ununterschiedenheit und das Nichtunterscheiden eine große Gefahr für die Kreatur ist. Darum müssen wir die Eigenschaften des Pleroma unterscheiden. Die Eigenschaften sind die Gegensatzpaare,

als das Wirksame und das Unwirksame,

die Fülle und die Leere,

das Lebendige und das Tote,

das Verschiedene und das Gleiche,

das Helle und das Dunkle,

das Heiße und das Kalte,

Die Kraft und der Stoff,

die Zeit und der Raum,

das Gute und das Böse,

das Schöne und das Hässliche,

das Eine und das Viele, etc.

Die Gegensatzpaare sind die Eigenschaften des Pleroma, die nicht sind, weil sie sich aufheben. Da wir das Pleroma selber sind, so haben wir auch alle diese Eigenschaften in uns; da der Grund unsres Wesens Unterschiedenheit ist, so haben wir die Eigenschaften im Namen und Zeichen der Unterschiedenheit, das bedeutet:

Erstens: Die Eigenschaften sind in uns von einander unterschieden und geschieden, darum heben sie sich nicht auf, sondern sind wirksam. Darum sind wir das Opfer der Gegensatzpaare. In uns ist das Pleroma zerrissen.

Zweitens: Die Eigenschaften gehören dem Pleroma, und wir können und sollen sie nur im Namen und Zeichen der Unterschiedenheit besitzen oder leben. Wir sollen uns von den Eigenschaften unterscheiden. Im Pleroma heben sie sich auf, in uns nicht. Unterscheidung von ihnen erlöst.

Wenn wir nach dem Guten oder Schönen streben, so vergessen wir unsres Wesens, das Unterschiedenheit ist und wir verfallen den Eigenschaften des Pleroma, als welche die Gegensatzpaare sind. Wir bemühen uns, das Gute und Schöne zu erlangen, aber zugleich auch erfassen wir das Böse und Hässliche, denn sie sind im Pleroma eins mit dem Guten und Schönen. Wenn wir aber unserm Wesen getreu bleiben, nämlich der Unterschiedenheit, dann unterscheiden wir uns vom Guten und Schönen, und darum auch vom Bösen und Hässlichen, und wir fallen nicht ins Pleroma, nämlich in das Nichts und in die Auflösung.

Ihr werfet ein: Du sagtest, dass das Verschiedene und Gleiche auch

Eigenschaften des Pleroma seien. Wie ist es, wenn wir nach Verschiedenheit streben? Sind wir dann nicht unserm Wesen getreu? Und müssen wir dann auch der Gleichheit verfallen, wenn wir nach Verschiedenheit streben?

Ihr sollt nicht vergessen, dass das Pleroma keine Eigenschaften hat. Wir erschaffen sie durch das Denken. Wenn Ihr also nach Verschiedenheit oder Gleichheit oder sonstigen Eigenschaften strebt, so strebt Ihr nach Gedanken, die Euch aus dem Pleroma zufließen, nämlich Gedanken über die nichtseienden Eigenschaften des Pleroma. Indem Ihr nach diesen Gedanken rennt, fallet Ihr wiederum ins Pleroma und erreicht Verschiedenheit und Gleichheit zugleich. Nicht Euer Denken, sondern Euer Wesen ist Unterschiedenheit. Darum sollt Ihr nicht nach Verschiedenheit, wie Ihr sie denkt, streben, sondern NACH EUERM WESEN. Darum gibt es im Grunde nur ein Streben, nämlich das Streben nach dem eigenen Wesen. Wenn Ihr dieses Streben hättet, so brauchtet Ihr auch gar nichts über das Pleroma und seine Eigenschaften zu wissen und kämet doch zum richtigen Ziele kraft Eures Wesens. Da aber das Denken vom Wesen entfremdet, so muss ich Euch das Wissen lehren, womit Ihr Euer Denken im Zaume halten könnet.

Sermo II

Die Toten standen in der Nacht den Wänden entlang und riefen: Von Gott wollen wir wissen, wo ist Gott? Ist Gott tot?

Gott ist nicht tot, er ist so lebendig wie je. Gott ist Kreatur, denn er ist etwas Bestimmtes und darum von Pleroma unterschieden. Gott ist Eigenschaft des Pleroma, und alles was ich von der Kreatur sagte, gilt auch von ihm.

Er unterscheidet sich aber von der Kreatur dadurch, dass er viel undeutlicher und unbestimmbarer ist, als die Kreatur. Er ist weniger unterschieden als die Kreatur, denn der Grund seines Wesens ist wirksame Fülle, und nur insofern er bestimmt und unterschieden ist, ist er Kreatur, und insofern ist er die Verdeutlichung der wirksamen Fülle des Pleroma. Alles, was wir nicht unterscheiden, fällt ins Pleroma und hebt sich mit seinem Gegensatz auf. Darum, wenn wir Gott nicht unterscheiden, so ist die wirksame Fülle für uns aufgehoben.

Gott ist auch das Pleroma selber, wie auch jeder kleinste Punkt im Geschaffenen und im Ungeschaffenen das Pleroma selber ist.

Die wirksame Leere ist das Wesen des Teufels. Gott und Teufel sind die ersten Verdeutlichungen des Nichts, das wir Pleroma nennen. Es ist gleichgültig, ob das Pleroma ist, oder nicht ist, denn es hebt sich in allem selber auf. Nicht so die Kreatur. Insofern Gott und Teufel Kreaturen sind, heben sie sich nicht auf, sondern bestehen gegen einander als wirksame Gegensätze. Wir brauchen keinen Beweis für ihr Sein, es genügt, dass wir immer wieder von ihnen reden müssen. Auch wenn beide nicht wären, so würde die Kreatur, aus ihrem Wesen der Unterschiedenheit heraus, sie immer wieder aus dem Pleroma heraus unterscheiden.

Alles was die Unterscheidung aus dem Pleroma herausnimmt, ist Gegensatzpaar, daher zu Gott immer auch der Teufel gehört. Diese Zusammengehörigkeit ist so innig, und wie Ihr erfahren habet, auch in Euerm Leben so unauflösbar, wie das Pleroma selber. Das kommt davon, dass die Beiden ganz nahe am Pleroma stehen, in welchem alle Gegensätze aufgehoben und eins sind.

Gott und Teufel sind unterschieden durch voll und leer, Zeugung und Zerstörung. Das Wirkende ist ihnen gemeinsam. Das Wirkende verbindet sie. Darum steht das Wirkende über beiden und ist ein Gott über Gott, denn es vereinigt die Fülle und die Leere in ihrer Wirkung. Dies ist ein Gott, von dem Ihr nicht wusstet, denn die Menschen vergaßen ihn. Wir nennen ihn mit seinem Namen ABRAXAS. Er ist noch unbestimmter als Gott und Teufel.

Um Gott von ihm zu unterscheiden, nennen wir Gott HELIOS oder Sonne. Der Abraxas ist Wirkung, ihm steht nichts entgegen, als das Unwirkliche, daher seine wirkende Natur sich frei entfaltet. Das Unwirkliche ist nicht, und widersteht nicht. Der Abraxas steht über der Sonne und über dem Teufel. Er ist das unwahrscheinlich Wahrscheinliche, das unwirklich Wirkende. Hätte das Pleroma ein Wesen, so wäre der Abraxas seine Verdeutlichung.

Er ist zwar das Wirkende selbst, aber keine bestimmte Wirkung, sondern Wirkung überhaupt. Er ist unwirklich wirkend, weil er keine bestimmte Wirkung hat. Er ist auch Kreatur, da er vom Pleroma unterschieden ist. Die Sonne hat eine bestimmte Wirkung, ebenso der Teufel, daher sie uns viel wirksamer erscheinen als der unbestimmbare Abraxas. Er ist Kraft, Dauer, Wandel.

Hier erhoben die Toten großen Tumult, denn sie waren Christen.

Sermo III

Die Toten kamen heran wie Nebel aus Sümpfen und riefen: Rede uns weiter über den obersten Gott.

Der Abraxas ist der schwer erkennbare Gott. Seine Macht ist die größte, denn der Mensch sieht sie nicht. Von der Sonne sieht er das summum bonum, vom Teufel das infimum malum, vom Abraxas aber das in allen Hinsichten unbestimmte LEBEN, welches die Mutter des Guten und des Übels ist.

Das Leben scheint kleiner und schwächer zu sein als das summum bonum, weshalb es auch schwer ist zu denken, dass der Abraxas an Macht sogar die Sonne übertreffe, die doch der strahlende Quell aller Lebenskraft selber ist. Der Abraxas ist Sonne und zugleich der ewig saugende Schlund des Leeren, des Verkleinerers und Zerstücklers, des Teufels. Die Macht des Abraxas ist zwiefach. Ihr seht sie aber nicht, denn in Euern Augen hebt sich das Gegeneinandergerichtete dieser Macht auf.

Was Gott Sonne spricht, ist Leben, was der Teufel spricht, ist Tod. Der Abraxas aber spricht das verehrungswürdige und verfluchte Wort, das Leben und Tod zugleich ist. Der Abraxas zeugt Wahrheit und Lüge, Gutes und Böses, Licht und Finsternis im selben Wort, und in derselben Tat. Darum ist der Abraxas furchtbar. Er ist prächtig wie der Löwe im Augenblick, wo er sein Opfer niederschlägt. Er ist schön wie ein Frühlingstag. Ja, er ist der große Pan selber und der kleine. Er ist Priapos. Er ist das Monstrum der Unterwelt, ein Polyp mit tausend Armen, beflügeltes Schlangengeringel, Raserei. Er ist der Hermaphrodit des untersten Anfanges. Er ist der Herr der Kröten und Frösche, die im Wasser wohnen und an´s Land steigen, die am Mittag und um Mitternacht im Chore singen. Er ist das Volle, das sich mit dem Leeren einigt. Er ist die heilige Begattung, Er ist die Liebe und ihr Mord, Er ist der heilige und sein Verräter. Er ist das hellste Licht des Tages und die tiefste Nacht des Wahnsinns.

Ihn sehen, heißt Blindheit, Ihn erkennen heißt Krankheit, Ihn anbeten heißt Tod, Ihn fürchten heißt Weisheit, Ihm nicht widerstehen heißt Erlösung. Gott wohnt hinter der Sonne, der Teufel wohnt hinter der Nacht. Was Gott aus dem Licht gebiert, zieht der Teufel in die Nacht. Der Abraxas aber ist die Welt, ihr Werden und Vergehen selber. Zu jeder Gabe des Gottes Sonne stellt der Teufel seinen Fluch. Alles, was Ihr vom Gott Sonne erbittet, zeugt eine Tat des Teufels. Alles, was Ihr mit Gott Sonne erschafft, gibt dem

Teufel Gewalt des Wirkens. Das ist der furchtbare Abraxas. Er ist die gewaltigste Kreatur und in ihm erschrickt die Kreatur vor sich selbst. Er ist der geoffenbarte Widerspruch der Kreatur gegen das Pleroma und sein Nichts. Er ist das Entsetzen des Sohnes vor der Mutter. Er ist die Liebe der Mutter zum Sohne. Er ist das Entzücken der Erde und die Grausamkeit der Himmel. Der Mensch erstarrt vor seinem Antlitz. Vor ihm gibt es nicht Frage und nicht Antwort. Er ist das Leben der Kreatur. Er ist das Wirken der Unterschiedenheit. Er ist die Liebe des Menschen. Er ist die Rede des Menschen. Er ist der Schein und der Schatten des Menschen. Er ist die täuschende Wirklichkeit.

Hier heulten und tobten die Toten, denn sie waren Unvollendete.

Sermo IV

Die Toten füllten murrend den Raum und sprachen: Rede zu uns von Göttern und Teufeln, Verfluchter. Gott Sonne ist das höchste Gut, der Teufel das Gegenteil, also habt Ihr zwei Götter. Es gibt aber viele hohe Güter und viele schwere Übel, und darunter gibt es zwei Gott-Teufel, der eine ist das BRENNENDE und der andere das WACHSENDE. Das Brennende ist der EROS in Gestalt der Flamme. Sie leuchtet, indem sie verzehrt.

Das Wachsende ist der BAUM DES LEBENS, er grünt, indem er wachsend lebendigen Stoff anhäuft. Der Eros flammt auf und stirbt dahin, der Lebensbaum aber wächst langsam und stetig durch ungemessene Zeiten. Gutes und Übles einigt sich in der Flamme. Gutes und Übles einigt sich im Wachstum des Baumes. Leben und Liebe stehen in ihrer Göttlichkeit gegeneinander. Unermesslich, wie das Heer der Sterne ist die Zahl der Götter und Teufel. Jeder Stern ist ein Gott und jeder Raum, den ein Stern füllt, ist ein Teufel. Das Leervolle des Ganzen aber ist das Pleroma. Die Wirkung des Ganzen ist der Abraxas, nur Unwirkliches steht ihm entgegen. **Vier** ist die Zahl der **Hauptgötter**, denn **vier** ist die Zahl der **Ausmessungen** der Welt. Eins ist der Anfang, der Gott Sonne. Zwei ist der Eros, denn er verbindet Zwei und breitet sich leuchtend aus. Drei ist der Baum des Lebens, denn er füllt den Raum mit Körpern. Vier ist der Teufel, denn er öffnet alles Geschlossene; er löst auf alles Geformte und Körperliche, er ist der Zerstörer, in dem Alles zu Nichts wird. Wohl mir, dass es mir gegeben ist, die Vielheit und Verschiedenartigkeit der Götter zu erkennen. Wehe Euch dass Ihr diese unvereinbare Vielheit durch den einen

Gott ersetzt. Dadurch schafft Ihr die Qual des Nichtverstehens und die Verstümmelung der Kreatur, deren Wesen und Trachten Unterschiedenheit ist. Wie seid Ihr Eurem Wesen getreu, wenn Ihr das Viele zum Einen machen wollt? Was Ihr an den Göttern tut, geschieht auch an Euch. Ihr werdet alle gleich gemacht und so ist Euer Wesen verstümmelt. Um des Menschen willen herrsche Gleichheit, aber nicht um Gottes willen, denn der Götter sind viele, der Menschen aber wenige. Die Götter sind mächtig, und ertragen ihre Mannigfaltigkeit, denn wie die Sterne stehen sie in Einsamkeit und ungeheurer Entfernung von einander. Die Menschen sind schwach und ertragen ihre Mannigfaltigkeit nicht, denn sie wohnen nahe beisammen und bedürfen der Gemeinschaft, um ihre Besonderheit tragen zu können. Um der Erlösung willen lehre ich Euch das Verwerfliche, um dessentwillen ich verworfen ward.

Die Vielzahl der Götter entspricht der Vielzahl der Menschen. Unzählige Götter harren der Menschwerdung. Unzählige Götter sind Menschen gewesen. Der Mensch hat am Wesen der Götter teil, er kommt von den Göttern und geht zum Gotte.

So, wie es sich nicht lohnt über das Pleroma nachzudenken, so lohnt es sich nicht, die Vielheit der Götter zu verehren. Am wenigsten lohnt es sich, den ersten Gott, die wirksame Fülle und das summum bonum, zu verehren. Wir können durch unser Gebet nichts dazu tun und nichts davon nehmen, denn die wirksame Leere schluckt alles in sich auf. Die hellen Götter bilden die Himmelswelt, sie ist vielfach und unendlich sich erweiternd und vergrößernd. Ihr oberster Herr ist der Gott Sonne.

Die dunkeln Götter bilden die Erdenwelt. Sie sind einfach und unendlich sich verkleinernd und vermindernd. Ihr unterster Herr ist der Teufel, der Mondgeist, der Trabant der Erde, kleiner und kälter und toter als die Erde. Es ist kein Unterschied in der Macht der himmlischen und der erdhaften Götter. Die himmlischen vergrößern, die erdhaften verkleinern. Unermesslich ist beiderlei Richtung.

Sermo V

Die Toten spotteten und riefen: Lehre uns, Narr, von Kirche und heiliger Gemeinschaft.

Die Welt der Götter verdeutlicht sich in der Geistigkeit und in der Geschlechtlichkeit. Die himmlischen erscheinen in der Geistigkeit, die erdhaften in der Geschlechtlichkeit. Geistigkeit empfängt und erfasst. Sie

66

ist weiblich und darum nennen wir sie die MATER COELESTIS, die himmlische Mutter. Geschlechtlichkeit zeugt und erschafft. Sie ist männlich und darum nennen wir sie PHALLOS, den erdhaften Vater. Die Geschlechtlichkeit des Mannes ist mehr erdhaft, die Geschlechtlichkeit des Weibes ist mehr geistig. Die Geistigkeit des Mannes ist mehr himmlisch, sie geht zum Größeren. Die Geistigkeit des Weibes ist mehr erdhaft, sie geht zum Kleineren. Lügnerisch und teuflisch ist die Geistigkeit des Mannes, die zum Kleineren geht. Lügnerisch und teuflisch ist die Geistigkeit des Weibes, die zum Größern geht. Jeder gehe zu seiner Stelle. Mann und Weib werden aneinander zum Teufel, wenn sie ihre geistigen Wege nicht trennen, denn das Wesen der Kreatur ist Unterschiedenheit. Die Geschlechtlichkeit des Mannes geht zum Erdhaften, die Geschlechtlichkeit des Weibes geht zum Geistigen. Mann und Weib werden aneinander zum Teufel, wenn sie ihre Geschlechtlichkeit nicht trennen. Der Mann erkenne das Kleinere, das Weib das Größere. Der Mensch unterscheide sich von der Geistigkeit und von der Geschlechtlichkeit. Er nenne die Geistigkeit Mutter und setze sie zwischen Himmel und Erde. Er nenne die Geschlechtlichkeit Phallos und setze ihn zwischen sich und die Erde, denn die Mutter und der Phallos sind übermenschliche Dämonen und Verdeutlichungen der Götterwelt. Sie sind uns wirksamer als die Götter, weil sie unserm Wesen nahe verwandt sind. Wenn Ihr Euch von Geschlechtlichkeit und von Geistigkeit nicht unterscheidet und sie nicht als Wesen über Euch und um Euch betrachtet, so verfallt Ihr ihnen als Eigenschaften des Pleroma. Geistigkeit und Geschlechtlichkeit sind nicht Eure Eigenschaften, nicht Dinge, die Ihr besitzt und umfasst, sondern sie besitzen und umfassen Euch, denn sie sind mächtige Dämonen, Erscheinungsformen der Götter, und darum Dinge, die über Euch hinaus reichen und an sich bestehen. Es hat einer nicht eine Geistigkeit für sich oder eine Geschlechtlichkeit für sich, sondern er steht unter dem Gesetz der Geistigkeit und der Geschlechtlichkeit.

Darum entgeht keiner diesen Dämonen. Ihr sollt sie ansehen als Dämonen und als gemeinsame Sache und Gefahr, als gemeinsame Last, die das Leben Euch aufgebürdet hat. So ist Euch auch das Leben eine gemeinsame Sache und Gefahr, ebenso auch die Götter und zuvörderst der furchtbare Abraxas. Der Mensch ist schwach, darum ist Gemeinschaft unerlässlich; ist es nicht die Gemeinschaft im Zeichen der Mutter, so ist es sie im Zeichen des Phallos. Keine Gemeinschaft ist Leiden und Krankheit. Gemeinschaft in jeglichem ist Zerrissenheit und Auflösung. Die Unterschiedenheit führt zum Einzelsein. Einzelsein ist gegen Gemeinschaft. Aber um der Schwäche des Menschen willen gegenüber den Göttern und Dämonen und ihrem unüberwindlichen Gesetz ist Gemeinschaft nötig. Darum sei so viel Gemeinschaft als nötig, nicht um der Menschen willen, sondern wegen der Götter. Die Götter zwingen Euch zur Gemeinschaft. So viel sie Euch zwingen, so viel Gemeinschaft tut not, mehr ist von Übel.

In der Gemeinschaft ordne sich jeder dem andern unter, damit die Gemeinschaft erhalten bleibe, denn Ihr bedürft ihrer.

Im Einzelsein ordne sich einer dem andern über, damit jeder zu sich selber komme und Sklaverei vermeide.

In der Gemeinschaft gelte Enthaltung, im Einzelsein gelte Verschwendung.

Die Gemeinschaft ist die Tiefe, das Einzelsein ist Höhe.

Das richtige Maß in Gemeinschaft reinigt und erhält. Das richtige Maß im Einzelsein reinigt und fügt hinzu.

Die Gemeinschaft gibt uns die Wärme, das Einzelsein gibt uns das Licht.

Sermo VI

Der Dämon der Geschlechtlichkeit tritt zu unsrer Seele als eine Schlange. Sie ist zur Hälfte Menschenseele und heißt Gedankenwunsch. Der Dämon der Geistigkeit senkt sich in unsre Seele herab als der weiße Vogel. Er ist zur Hälfte Menschenseele und heißt Wunschgedanke.

Die Schlange ist eine erdhafte Seele, halb dämonisch, ein Geist und verwandt den Geistern der Toten. Wie diese, so schwärmt auch sie herum in den Dingen der Erde und bewirkt, dass wir sie fürchten, oder dass sie unsere Begehrlichkeit reizen. Die Schlange ist weiblicher Natur und sucht immer die Gesellschaft der Toten, die an die Erde gebannt sind, solche, die den Weg nicht hinüberfanden, nämlich ins Einzelsein. Die Schlange ist eine Hure und buhlt mit dem Teufel und mit den bösen Geistern, ein arger Tyrann und Quälgeist, immer zu übelster Gemeinschaft verführend.

Der weiße Vogel ist eine halbhimmliche Seele des Menschen. Sie weilt bei der Mutter und steigt bisweilen herab. Der Vogel ist männlich und ist wirkender Gedanke. Er ist keusch und einsam, ein Bote der Mutter. Er fliegt hoch über die Erde. Er gebietet das Einzelsein. Er bringt Kunde von den Fernen, die vorangegangen und vollendet sind. Er trägt unser Wort herum in den Dingen der Erde und bewirkt, dass wir sie fürchten, oder dass sie unsere Begehrlichkeit reizen.

Die Toten blickten mit Verachtung und sprachen: Höre auf von Göttern,

Dämonen und Seelen zu reden. Das wussten wir im Grunde schon längst.

Sermo VII

Des Nachts aber kamen die Toten wieder mit kläglicher Gebärde und sprachen: Noch eines, wir vergaßen davon zu reden, lehre uns vom Menschen.

Der Mensch ist ein Thor, durch das Ihr aus der Außenwelt der Götter, Dämonen und Seelen eintretet in die Innenwelt, aus der größeren Welt in die kleinere Welt. Klein und nichtig ist der Mensch, schon habt Ihr ihn im Rücken, und wiederum seid Ihr im unendlichen Raume, in der kleineren oder inneren Unendlichkeit.

In unermesslicher Entfernung steht ein einziger Stern im Zenith. Dies ist der eine Gott dieses Einen, dies ist seine Welt, sein Pleroma, seine Göttlichkeit.

In dieser Welt ist der Mensch der Abraxas, der seine Welt gebiert oder verschlingt.

Dieser Stern ist der Gott und das Ziel des Menschen. Dies ist sein einer führender Gott, in ihm geht der Mensch zur Ruhe, zu ihm geht die lange Reise der Seele nach dem Tode, in ihm erglänzt als Licht alles, was der Mensch aus der größeren Welt zurückzieht. Zu diesem einen bete der Mensch. Das Gebet mehrt das Licht des Sternes, es schlägt eine Brücke über den Tod, es bereitet das Leben der kleineren Welt, und mindert das hoffnungslose Wünschen der größeren Welt. Wenn die größere Welt kalt wird, leuchtet der Stern. Nichts ist zwischen dem Menschen und seinem einen Gotte, sofern der Mensch seine Augen vom flammenden Schauspiel des Abraxas abwenden kann. Mensch hier, Gott dort. Schwachheit und Nichtigkeit hier, ewige Schöpferkraft dort. Hier ganz Dunkelheit und feuchte Kühle. Dort ganz Sonne.

Darauf schwiegen die Toten und stiegen empor wie Rauch über dem Feuer des Hirten, der des Nachts seiner Herde wartete.

5. Friedrich Bernhard Marby
Die Chronologie und einige Bekenntnisse seines schweren und mühsamen Lebens

Ich habe mir erlaubt, diese Biografie des bekannten Druiden aus dem Netz zu entnehmen und in meiner Zeitschrift zu veröffentlichen. Man möge mir verzeihen, aber ich schätze Herrn Marby sehr und auch seine Werke zeugen von einem hohen Wissen und Weisheit, so dass ich dadurch – man kann sagen – mich veranlasst fühlte, diese Zeilen in unserem „Hermetischen Bund" wiederzugeben. Es handelt sich bei ihm um einen inkarnierten Magier, wie wir anderen Ortes bereits geschrieben haben:

„Meinem friesisch-schwedischem Erbgut, meiner inneren Verbundenheit mit meiner Lebenskette und der daraus erwachsenen Begabung und (angeborenen) Veranlagung, sowie meinem unermüdlichem Forscherdrang und meinem zähen Fleiß, dazu mein Erbarmen mit dem überall irregeführten, getäuschten, absichtlich blind gemachten, ausgenutzten, betrogenen über die Achseln angesehenen Volksmassen und ihr geistiges, seelisches und körperliches und materielles Elend das ganze Leben hindurch, veranlassten mich eines Tages, die Arme zum Himmel zu erheben in den Bereich der waltenden Geister zu rufen: „Herrgott! Es muss doch etwas geben, wodurch die armen Menschen sich selber helfen können!"

Von dieser Minute an unterstand ich einer höheren Führung, von dieser Minute an wurde an mich herangetragen, was ich brauchte. Und in den Jahren 1906 bis 1911 machte ich dann die Entdeckung, fand ich, womit die armen, in irgend eine Not gelangten Menschen sich selbst und auf die Dauer immer wieder helfen können: Es gelang mir die Wiederentdeckung der Methode, nach der wir die Runen unserer germanischen Vorfahren wieder zu raunen im Stande sind, indem wir die Runen-Zeichen in Körperstellung und Körperbewegung nachahmen und dabei den Namen der betreffenden Rune raunen, sprechen, singen oder hinausrufen!

So hatte ich das tausende Jahre vergessene Raunen der Runen wiederentdeckt, die Runen-Übungen und die Runen-Gymnastik unserer Vorfahren! Zug um Zug waren die dazu notwendigen Erkenntnisse in mir gewachsen, wie aus einem tiefen, unversiegbaren Brunnen hole ich sie in mir herauf, wie aus einer Verbindung mit den fernsten Räumen des Himmels leuchteten sie in mir auf und dann – übte ich die Runen meiner Vorfahren, raunte ich sie! – Der rettende Weg, die allezeit wirksame

Methode der Selbsthilfe in jeglicher Not war gefunden!

Nun übte ich – **jahrelang** – und – schwieg. Von Hannover ab folgte die Übersiedlung nach Hamburg, von Hamburg startete ich einmal ein Vortrag über Kopfformkunde, in Stuttgart begann ich wieder mit Vorträgen 1922. Dort ließ ich dann auch in einem kleinen Saal in der Bismarckstraße von etwa 40 jugendlichen Menschen beiderlei Geschlechts, Runen-Übungen machen, stand aber bald davon ab, weil durch die starken Abstrahlungen sich eine Anzahl Liebesverhältnisse gestalteten, für die ich nicht verantwortlich sein wollte.

Im März 1924 (bis 1936) erschien dann die erste Nummer meiner Zeitschrift „Der eigene Weg", in der ich von Anfang an, in Aufsätzen über Symbolkunde Runen-Übungen mit veröffentlichte, ohne das Wort „Runen-Übungen" zu verwenden. Zu den Aufsätzen zählen:

- Runen raunen richtig Rat
- Der Mensch unter dem Einflusse des Alls
- Aus Allvaters Wundergarten
- Astrologische Namensdeute
- Die drei Schwäne
- Geheimsysteme der Astrologie
- Die Sinnbilder usw.

Von 1922 ab hielt ich hunderte von stark besuchten Vorträgen und zwar über Phrenologie (Kopfformkunde), Chirologie (Handform- und Linienkunde), über alle Reformheilverfahren und Reformernährung und Astrologie. Außerdem veranstaltete ich rund 40 sehr gut besuchte Kurse in Astrologie (in einem Kurs in Heilbronn alleine 84 Teilnehmer und Teilnehmerinnen). Und immer wieder Lichtbilder-Vorträge über die Runen.

Trotzdem ich es als meine Aufgabe erkannt habe, nach eingehender Prüfung der von mir wiederentdeckten Methode des Raunens der Runen, zur Veröffentlichung zu schreiten, nahm ich noch ab 1928 einen fünfjährigen Studienaufenthalt in Schweden und Dänemark auf mich, lief gewissermaßen dem Geldverdienen aus dem Wege, wollte aber ganz sicher gehen und nach Spuren in Skandinavien suchen. Ich fand sie.

Letzten Endes ergaben sich für mich folgende Hauptpunkte:

Die germanischen Runen und ihre Anwendung enthalten den Einweihungs-Weg der Menschen germanischen Blutes! Menschen anderer Rassen haben ihre eigenen Einweihungs-Wege (und Übungen).

Die germanische Rasse in ihrer Eigenart, geistig, seelisch und körperlich, ist ein Erfolg dieser Runen-Gymnastik (verbunden mit der Strahlungs-wirkung des Himmels und der Erde in den nördlichen und mittleren Breiten und natürlich auch des Erbgutes).

Jegliche Kultur auf unserer Erde ist entstanden aus der Wirkung der Runen-Übungen (siehe Kummer und Bardon) der germanischen Völker, in weiterem Bezug der arischen Völker und ihrer Abzweigungen in den Gebieten des alten Kontinents wie auch dem Erdteil Amerika. Verbindungen zu den Atlantiern der Hochrassen sind wahrscheinlich gegeben.

Jeder ehrliche Runenkundige muss daher auf den Standpunkt kommen, dass das Raunen der nordischen Runen nur für die germanische Rasse, allenfalls noch für die arische Rasse einen Wert hat und dass er dieses nicht verschweigen darf, sondern betonen muss, um Menschen vor Schaden zu bewahren, die der germanischen und arischen Rasse nicht angehören.

Dabei dürfen die Angehörigen anderer Rassen sich nicht zurückgesetzt fühlen. Sie haben ja ihre eigenen Übungen, ihre eigenen Tänze und Einweihungs-Einrichtungen. Sie sollen diese nur pflegen, uns aber nicht zumuten, dass wir ihre Tänze mitmachen. Denn diese wirken auf uns verderblich ein (siehe die gefährlichen Übungen des Hatha-Yoga. Der Hrsg.).

Es sollte auch niemand, der die Materie kennt, oder auf Grund irgendwelcher materiellen Verpflichtungen handelt, oder um Minderwertig-keitskomplexen, die Gemischtrassige oder Andersrassige vielleicht haben, die Ansicht verbreiten, dass die Runen-Übungen auch für die anderen Rassen da sind. Wenn er solche Sprüche verbreitet, verrät er seine Unkenntnis mehr und seine Ziele und schafft nur Unheil. Das wollen die Runen nicht. Sie wollen sein und gewertet werden, wie und was sie sind. Im Übrigen ist der auf einem klaren Rassenstandpunkt Stehende noch niemals der Rassenüberheblichkeit oder dem Rassenhass verfallen. Diese beiden letzteren Regungen verraten entweder viel Dummheit oder Eigennutz. Einen klaren Rassenstandpunkt haben, entsprechend den Erfordernissen der möglichen Höherentwicklung in einem bestimmten Verhalten leben und ihnen nachgehen, ist, wie bekannt genug, das Zeichen des hochwertigen Menschen in allen Rassen.

In Schweden wurde das Grundgerüst für die Runen-Übungen und die Runen-Gymnastik gelegt, in Dänemark wurde der Bau vollendet und im Frühjahr 1931 der erste Band der „Marby-Runen-Bücherei" mit dem Titel „Runenschrift, Runenwort, Runengymnastik" im Marby-Verlag Stuttgart herausgegeben.

Damit steht für alle Zeiten die Priorität fest. Da die ganze Forschung der Runen-Gymnastik einwandfrei, wissenschaftlich begründet und vollendet ist, konnten alle später kommenden Veröffentlichungen nur Abschreibearbeit, Plagiat, Schriftstehlerei und Verfälschung sein. Diejenigen, die nach mir über Runen-Gymnastik Veröffentlichungen vornahmen, waren nicht im Stande gewesen, in jahrelangen Übungen die Echtheit und die Wirksamkeit der Runen-Übungen so weit zu durchproben, dass sie Meister sein konnten oder gar Lehrmeister. Sie wollten höchstens Mitesser sein. Ihre Kombinationen gingen vollkommen falsche Wege, sie lernten nicht durch Runen-Übungen in der Natur, sondern sie gruben in meinen Schriften herum und brachten verbogen, denn es musste ja etwas ähnliches, mindestens neuartig erscheinendes sein, frech und wenig gottesfürchtig heraus und fanden auch fragwürdige Verleger, die der Ansicht waren, aus der Runensache nun ein Geschäft machen zu können, besonders als dann die angeblich arisch-germanische Regierung des sogenannten 3. Reiches gemacht war. Aber, das war nachher.

1931 gründete ich dann den „Internationalen Bund der Runenforscher (IBdR)" und den „Bund der Deutschen Runenforscher (BdDR)" und die „Neudeutsche Zeitung" mit der Beilage „Der Runenforscher". Alle Einkünfte dienten dazu, den Marby-Verlag und die Ende 1933 gegründete „Marby-Druckerei" weiter auszubauen. Ich wusste, dass ich in kurzer Zeit das Wissen um die Runen-Übungen in das Volk tragen und verankern musste, denn die Ellenbogen-Menschen der ärztlichen und der kirchlichen Kreise waren Todfeinde der Runen-Übungen und der Runen-Gymnastik und sind es heute noch. Darum setzte ich alles ein, um die Runen-Idee ins Volk zu tragen.

1933 wurden mir außerdem vom Deutschen Patentamt rund ein Dutzend, die Runen-Übungen und die Runen-Gymnastik betreffenden Wort-Bildungen, wie u.a. „Runen-Gymnastik", „Runen-Übungen", „Runen-Ton-Gymnastik", und andere Wortformen geschützt. Weiter wurde mir in einer notariellen Urkunde, die ich mir austeilen ließ, bestätigt, dass in über 4000 Fällen innerhalb eines Jahres die Runen-Übungen der Marby-Runen-Gymnastik vollen Erfolg gebracht hatten! Somit ist klar bewiesen:

Dass die Wiederentdeckung des Raunens der Runen, bei Runen-Übungen innerhalb des Systems, der von mir wieder aufgestellten Runen-Gymnastik mein Werk ist.

Dass es nur mir, bei meinem Bluts- Seelen- und Geisteserbe, verbunden mit einem unbändigen Forscherdrang und unermesslichem Fleiß, gepaart mit einem hohen idealen Streben, dem ein gut Teil Skepsis beigemischt war, einer großen Willigkeit Opfer zu bringen und vor allem auch dem Drang meinen in Not und Elend gebrachten Brüdern und Schwestern im Volke, dass es nur mir gelingen konnte, den Weg zur Hilfe, zur Befreiung von jeglicher Not und zu lichten geistigen Höhen zu zeigen und zu lehren.

Wenn ich das hier schriftlich niederlege, so handelt es sich nur um eine Klarstellung in der heutigen Zeitwelle die unsere Runen-Übenden bestärken sollen in ihrem Vorwärtsdrange und die Täuscher und Fälscher vorgelegt werden müssen, damit sie in das Unheil, das sie blind heraufbeschwören, nicht selbst hineingerissen werden. Die Spuren schrecken, die Runen lassen nicht mit sich spaßen!

Mein Rat an diejenigen, die auch . . . Nun möchte ich all denjenigen, die da meinen, sie könnten auch ein Buch über Runen-Übungen schreiben, sei es auch nur im Reporterstil, raten, folgendes zu beachten:

Übt erst selbst und persönlich jahrelang! Geht an die Quelle, seid nicht neidisch, nicht überheblich oder leichtsinnig. „Orientiert" euch nicht bei Plagiatoren, Abschreibern, Nichtskönnern, Verleumdern und Fälschern! Ihr seht doch ein, dass ihr so keine Runen-Kundige werden könnt.

Wenn ihr aber noch in trüben Gewässern schöpft, ich hoffe nicht, dass das eurer Eigenart entspricht, so schwindelt nicht zu sehr, ich hätte eigentlich nur die I-Rune behandelt. Den Gegenbeweis haben die Bezieher meiner Bücher und Zeitschriften in ihren Händen. Alleine in Band 3/4 der Marby-Runen-Bücherei brachte ich eine Wiederholung von Band 1/2 und weitere Runen-Übungen, dann in dem Band 5/6 der Marby-Runen-Bücherei, 29 weitere Runen-Übungen und in dem Band 7/8 der Marby-Runen-Bücherei (=MRB) ebenfalls 29 Runen-Übungen. Es ist gut, wenn ihr so etwas zur Kenntnis nehmt und dann die notwendige Richtigstellung vornehmt.

Wenn ihr bei eurem Manuskript nicht weiterkommt, weil ihr nicht weiter wisst, weil die Plagiatoren nichts über Heilrunen schreiben konnten, weil eben der Marby diese noch nicht verraten hat, und der Verleger drängt, und Ihr sendet dann einen Aushorcher in meine Sprechstunde, so kommt doch lieber selbst, aber sendet keinen Spion, der reichlich dumm ist und nicht aufpasst, was ich sage. Also kommt lieber selber zu mir. Ich bin auf Grund geistiger Gesetze verpflichtet, entsprechend Auskunft zu geben an denjenigen, der von einer bestimmten Stufe seiner Entwicklung ausgehend, entsprechend fragt. Also kommt selbst, zeigt durch eure Fragen, wie weit ihr seid und dann, meinetwegen, veröffentlicht in euren Büchern, was ich euch gesagt habe, ruhig. Es ist ja wahr und von dem einzigen Sachkenner auf diesem Gebiete, wie bewiesen ist. Ihr blamiert euch also nicht mit „eurem" Wissen, wenn es auch von mir erfragt wurde, aber wenn ihr anständig seid, so gebt ihr offen die Quelle an. Damit gebt ihr nämlich, bei anständigen wissenden Interessenten, eure Ausführungen erst den richtigen, eben einen höheren Wert! Und der Käufer eures Buches hat wenigstens etwas für sein Geld.

Sorgt auch dafür, dass beim Abfassen der Prospekte, mein Name als Eingeweihter, nicht zusammen mit Uneingeweihten oder gar Plagiatoren aufgeführt wird. Mein Name ist natürlich für das Buch Reklame, aber in dieser Gesellschaft solcher „Eingeweihter", möchte ich nicht noch einmal aufgeführt werden! Und für ein Buch, das sich auf einen Plagiator beruft, möchte ich natürlich keine Reklamefigur machen. Dazu noch ungefragt.

Fragt euch auch, bevor ihr mit besonderem Zweckdenken ans Sammeln und Schreiben geht, ob ihr euch nicht lächerlich machen werdet, wenn ihr meint, die germanische Runenbewegung fehlleiten oder erledigen (was ja dasselbe ist) zu können. Fragt euch auch, ob es nicht ein bestimmt nutzloses, ja lächerliches Bemühen ist, in der Runenbewegung mitreden zu wollen oder gar ihre Richtung umbiegen oder das ganze zu Fall bringen zu wollen.

Damit bei euren Überlegungen Tatsachen zur Hand sind, mache ich folgendes bekannt, damit ihr euch über die Ausbreitung der Runenbewegung, die heute noch wie bisher der Albdruck aller Dunkelmänner ist, klar seid.

In den Jahren 1924-1936 erschienen im Marby-Verlag Stuttgart und Waiblingen bei Stuttgart, seit 1934 in eigener Druckerei mit Setzmaschinen und Rotationsbetrieb gedruckte 271 Nummern der Zeitschrift „Der eigene Weg" mit einer Gesamtauflage von rund einer halben Million Exemplare! Ein großer Teil dieser Nummern ist heute noch in den Händen der einstigen Leser und Leserinnen und werden, wie alle meine Veröffentlichungen, als heiligster Schatz aufbewahrt und immer wieder gelesen. Seit 1924 erschienen in diesen Nummern Runen-Aufsätze! Das sollte doch ein Runenbuch-Schriftsteller wissen! Oder nicht? Oder doch?

In den Jahren 1931-36 erschienen im Marby-Verlag die Zeitschrift „Neudeutsche Zeitung" mit der Beilage „Der Runenforscher", die 1934 als selbständiges Organ, aber von Anfang als Blatt von mir gegründeten und geleiteten „Bund der Runenforscher" in 144 Nummern und einer Gesamtauflage von über einer halben Million Exemplare! Sehr viele Bezieher von einst haben diese Jahrgänge noch.

Von den vier Doppelbänden der Marby-Runen-Bücherei (=MRB) wurden ab 1931 angefertigt genau 50.000 Bücher. Davon wurden rund 48.000 verkauft. Die GeStaPo konnte nicht mehr sehr viel beschlagnahmen; dafür hatte ich gesorgt. Die Runenbücher wurden in der Zeit des sogenannten 3. Reiches versteckt gehalten und sind zum großen Teil wieder, oft sehr zerlesen, der köstliche Schatz der Familien der einstigen Bezieher!

Eine Runen-Broschüre „Runen raunen richtig Rat!" wurde 1934 in einer Auflage von 10.000 Exemplaren hergestellt und diese Auflage wurde fast vollständig verkauft. Diese Broschüre brachte eine große Anzahl Erfolgs-Berichte durch Runen-Übungen, insbesondere auch mit den Marby-Hilfs- und Heil-Runen-Übungen. Ich habe, meiner Aufgabe gemäß, die Runen-Bewegung anlaufen lassen und die germanischen Runen wieder lebendig und zum Heile aller Übenden, ob arm oder reich, ob „ungebildet" oder „gebildet" ins Leben gerufen. Man sollte da mit Entgermanisierungs-Bestrebungen vorsichtig sein. Das Volk ist in reinen Rassenfragen hellwach geworden.

Die Runen-Bewegung ist da und wird nicht mehr untergehen. Wer gegen sie ankämpft, kommt nicht zum Ziel und erleidet nur Schaden, denn die Runen sind mit den Urgesetzen des Lebens verknüpft und sicherlich kein Spielzeug – und auch keine Sache, mit der man Geld verdienen kann.

Rund 50 Jahre meines Lebens habe ich für meine Aufgabe, dem Volk das Raunen der Runen wieder zu lehren, verwendet. Ich habe einen fünfjährigen Forschungauftrag entsprechend der mir übertragenen Aufgabe unternommen, ich habe 99 Monate Freiheits-Entzug in Gefängnissen und KZ-Lagern auf mich genommen. Wenn ich auch zum Schweigen und Sterben verurteilt war, ich wusste, dass ich wieder frei werden würde. Die Runen-Bewegung lässt sich nicht mehr auslöschen. Dafür habe ich gesorgt. Selbst im KZ-Lager Dachau wurden Runen-Übungen gemacht (laut einer Mail an P. Windsheiner praktizierte Marby dort sogar mit Franz Bardon Runenstellungen. Der Hrsg.). Ein polnischer Arzt, der ebenfalls Gefangener im KZ-Dachau war, machte jeden Morgen um 4 Uhr zwischen den Baracken des Lagers Runen-Übungen, wie er sie aus meinen Schriften gelernt hatte. Für viele Häftlinge war es sehr gut, dass ich bei ihnen war.

Ich wusste vorher, dass meine Existenz vernichtet werden würde. Außerdem hat man es mir offen angekündigt!

Ich wusste, dass ich ins Konzentrations-Lager (=KL) kam. Ich hätte dem entgehen können, denn ich war kurz vor meiner Verhaftung noch einen Tag im Ausland.

Ich habe auch die Freiheitsberaubung auf mich genommen. Mir war schon lange klar, dass, wenn man etwas unternimmt, was dem Volke nützen kann und die Sache ist wirklich gut, die Sache immer bekämpft wird und man selbst persönlich mit. Und zwar rücksichtslos! Das ist der Kampf! Da aber die Sache gut ist, sogar sehr gut und dem Volke nützt, nahm ich alles auf mich und ich war auch bereit, für diese gute Sache den Kopf hinzuhalten, wenn es denn sein muss. Und dieser Ansicht bin ich heute noch.

Ein ganzes Leben voller Mühe und Arbeit habe ich auf mich genommen, um den Armen und den Ärmsten im Volke zu dienen und zu helfen. Ich habe den Weg der Hilfe, der kostenlosen Hilfe gezeigt für alle kommenden Zeiten. Und dieser Weg ist gut!

Da kann mir keiner verargen, wenn ich, solange ich dieses Mal auf der Erde weile, dafür sorge, dass die Runen-Bewegung sauber bleibt. Das ist meine Aufgabe und mein Recht. Dazu bin ich verpflichtet, denn ich habe sie ins Leben gerufen und sie für alle kommenden Zeiten gültig, wieder ins Volk getragen, bewusst und opferwillig.

Wenn ich einmal abgetreten bin von der irdischen Bühne, so werden wir einen anderen aussuchen, der die Aufgabe übernimmt."

Stuttgart-Vaihingen, 14.Oktober 1957, Friedrich Bernhard Marby (Aus dem Nachlass F.B.M.)

Einige Anfragen veranlassen mich zu folgender Erklärung
(aus „Forschung und Erfahrung"):

Da vor einiger Zeit ein „Runenbuch" erschienen ist. Schon die Ankündigung in einem Prospekt war eigenartig. Ich wurde da neben anderen Namen als „Eingeweihter" aufgeführt. Da es sich um ein Buch mit etwas einengendem Titel handelte, sollte der Prospekt das auch zum Ausdruck bringen. Ich habe sachlich und persönlich nichts gegen Guido von List. Im Gegenteil. Aber von Runen-Übungen hat er nichts gewusst. Er starb vor der Wiederentdeckung der Runen-Übungen und der Runen-Gymnastik.

Auch gegen Peryt Shou (= Albert Schulz, geb. 1873, gest. 1953. Theosoph und esot. Schriftsteller) habe ich nichts. Wir kannten uns gegenseitig persönlich sehr gut. Ich schätzte ihn sehr. Aber von den Runen-Übungen und der Runen-Gymnastik wusste er auch nichts, wie ein Gerichtsgutachten eindeutig feststellte. Auch Reichstein kannte ich persönlich. Er erfuhr von den Runen-Übungen erst nach dem Herauskommen meiner Runen-Aufsätze und meiner Runen-Bücher. Die Grundlagen seiner Kabbala hatte er allen Anzeichen nach von Lanz v. Liebenfels, den ich als Forscher, Mensch und Freund sehr hoch schätzte. Mit zwei anderen Personen die in dem Prospekt angeführt wurden, zusammen als Eingeweihter aufgeführt zu werden, war aber eigenartig. Der eine dieser Herren verfasste damals auf Grund meiner Runen-Aufsätze in meiner Zeitschrift „Der eigene Weg", die ich ihm jahrelang kostenlos zusandte, und auf Grund des Inhaltes eines meiner Vorträge ein umfangreiches Buch, in dem sogar Zeichnungen, die „Der eigene Weg" gebracht hatte, mit aufführte. Ich war einmal in seinem Haus und erwähnte, dass ich ihm regelmäßig meine Zeitschrift übersandt hätte. Zu meinem großen Erstaunen bestritt er das. Nachher sah ich meine Zeitschriften „Der eigene Weg" säuberlich aufgestapelt und ziemlich zerlesen in seinem Schreibtisch. In dem erwähnten, von mir gehaltenen Vortrag führte ich auch das „Runen-Vaterunser" in Runenstellungen vor. Daraufhin erschien in der nächsten Nummer seiner Zeitschrift mein Runen-Vaterunser ohne Erwähnung der Quelle, also meines Namens. Später versuchte er sich, als ich studienhalber in Schweden wohnte, mir brieflich zu nähern. Auf Grund meiner Erfahrungen mit ihm habe ich nicht geantwortet. Dann starb er. Ich wünschte ihm einen guten Weg.

Dann brachte der Prospekt einen anderen Namen, den Namen des anderen Plagiators, der nach Ansicht des Prospektes auch zu den „Eingeweihten" gehört. Dieser schilderte mir in den Jahren der großen Arbeitslosigkeit seine Not und bot mir an, für meine Zeitschrift „Der eigene Weg" in Vorträgen, die er über den Inhalt dieser Zeitschrift halten wollte, zu werben. Als Gegenleistung erbat er die Zusendung von Büchern, an denen er beim Verkauf etwas verdienen könne. Ich erklärte mich einverstanden, denn Menschen, die werben, kann ein Verlag immer gebrauchen, und sandte ihm für rund 960 Reichsmark Bücher. Es kamen später oftmals Klagen über sein Verhalten bei diesen Vorträgen, an neuen Beziehern brachte er sehr wenig, aber er zahlte langsam die Bücher ab, ich hatte ihm also geholfen, und damit war ich zufrieden . . . "

Bei den zuletzt genannten Personen könnte es sich um John Gorsleben und S.A. Kummer handeln, wie Dr. Lomer in einem Aufsatz in der Zeitschrift

„Asgard" schrieb. In der nach dem 2. Weltkrieg erschienen Zeitschrift „Forschung und Erfahrung" veröffentlichte Marby weitere Aufsätze sowie folgende Bücher:

- An der Quellwurzel unseres Seins
- Aufschlussreiche Penduluntersuchung
- Die Kreuzform in Fleisch und Blut
- Die Sprache des Kopfes
- Sonne und Planeten
- Der germanische Einweihungsweg
- Der Weg zu den Müttern
- Aus dem Liebes- und Geschlechtsleben des Weibes

Marbys Grab in Stuttgard

Weitere Bücher aus dem Christof Uiberreiter Verlag:

Das goldene Blatt der Weisheit
Seila Orienta/Franz Bardon

Zum ersten Mal in der okkulten Literatur wird die 4. Tarotkarte des Hermes Trismegistos verständlich beschrieben und offengelegt. Sie beinhaltet unbekannte Konzentrations- und Meditationsübungen. Des Weiteren gibt sie Hinweise und erklärt die Unterschiede zwischen Magie und Mystik und Gefahren des einseitigen Weges. Am Ende steht die Verbindung mit der universellen Gottheit, dem Herrn der Sonnensphäre, welcher quabbalistisch „Metatron" genannt wird.

*

5. Tarotkarte – Mysterien des Steins der Weisen
Seila Orienta/Franz Bardon

Dieses Buch stellt die Vorderseite der Alchemie dar, die die einzelnen praktischen Übungsschritte erklärt, ohne die verschlüsselten Mystifikationen der alten Alchemisten auch nur annähernd zu erwähnen, wie man es aus den anderen Büchern des Franz Bardon kennt. Es wird erklärt, dass ohne vollkommene Beherrschung der 4 Elemente keine Alchemie möglich ist. Des Weiteren wird mit den einzelnen Ebenen, mit den Matrizen, dem elektromagnetischen Fluid usw. gearbeitet. Doch der Hauptpunkt stellen die göttlichen Eigenschaften wie z. B. die Allmacht dar, mit denen der Göttliche Stein der Weisen durch gewisse Übungen geladen wird.

*

Talismanologie und Mantramkunde
Seila Orienta/Franz Bardon

Zum ersten Mal werden hier (magisch) geladene Mantrams – Gebetssätze – preisgegeben, welche bei nötiger Reife, Ausgeglichenheit und Reinheit durchdringende Erfolge versprechen. Mantrams sind ja nach Bardon nicht irgendwelche „Suggestionssätze", sondern sie sind Ideenausdrücke, mit denen man mit Mächten, Kräften, Eigenschaften, also Gottheiten, in Verbindung kommen kann. Gleichzeitig werden die dazugehörigen Siegelzeichen der göttlichen Ideen preisgegeben, welche im rituellen

Zusammenhang mit den Mantrams stehen. Ein Buch, dass nicht nur die Hermetiker, sondern auch die Anhänger der Yogawissenschaften inspirieren wird!

*

Eine Sammlung der schönsten und lehrreichsten Beschwörungsgeschichten
Hohenstätten

Dieses Buch ist einzigartig, denn es zeigt den zweiten Band von Franz Bardon an Hand von interessanten Evokationsberichten, die genau das bestätigen, was Bardon in seinem Buch geschrieben hat, und noch darüber hinaus. Es werden sensationelle Erlebnisse geschildert, die man sonst niemals findet. Auch aus unveröffentlichten Schriften wird zitiert.

*

Verkörperungen des Meister Arion
Hohenstätten

Man wird beim Lesen dieses Buches nicht glauben, wie viele bekannte und unbekannte Inkarnationen Franz Bardon hatte. Die paar, die im „Frabato" bekannt gegeben wurden, stellen nur einen geringen Teil seiner Verkörperungen dar. Wir mussten, da es dermaßen wenig Literatur über die Verkörperungen gab, wieder hunderte und aberhunderte von Büchern, Aufsätzen, Zeitschriften und Artikeln durcharbeiten, bis wir genügend Material für dieses Buch hatten. Aber der Leser wird sich beim Lesen sicherlich über unsere Arbeit freuen, denn sie wird ihn in Erstaunen versetzen!

*

Shamballa, der goldene Tempel des Lichts
Hohenstätten

Dieser Tempel dürfte jeden Leser von Bardons Roman „Frabato" fasziniert haben. Dass es aber in der okkulten Literatur noch viel mehr Informationen darüber gibt, die man aber nur findet, wenn man alles Veröffentlichte gelesen hat, dürfte dem einen oder anderen unbekannt sein. Es wurden wieder ganze Stöße von Büchern durchgesehen und das Ergebnis wird hier veröffentlicht. Es wird aber gleichzeitig darauf hingewiesen, wie viel Schundliteratur es darüber gibt, wie viel Lügen im Umlauf sind, damit sich der Schüler der Hermetik ein klares Bild machen kann. Wir bringen in diesem Buch alles, was wir an Material darüber gefunden haben und es wird auch noch einiges aus der eigenen Erfahrung, was das Wertvollste ist, mitgeteilt. Nicht nur über den Tempel wird berichtet, sondern auch über die damit verbundene „Bruderschaft des Lichts", dessen Sitz er darstellt.

*

Auf der Suche nach Meister Arion
Hohenstätten

Diese Autobiographie eines Schüler der Hermetik des Franz Bardon schildert sein magische Leben, in welcher zahlreiche Erfahrungen zu den Übungen aus dem Adepten geschildert werden, die die Hauptperson selbst erlebt hat. Es wird der schwere Weg des Adepten aus autobiographischer Sicht gezeigt, seine vielen Tiefschläge, aber auch seine glanzvollen Seiten und Zeiten. Der harte Kampf mit dem Seelenspiegel wird bis in alle Einzelheiten aufgezeigt, genauso wie die vielen anderen Wege, in welche der Autor reinschnupperte, um dadurch reichlich Erfahrung sammeln zu können. Darüber hinaus enthält es unzählige Erfahrungen und Berichte betreffs Mantramistik nach Bardon, die wahre Runenmagie, zahlreiche Evokationen sowie Invokationen mit seinem Lehrer Anion, einen magischen Exorzismus, wie er bisher noch nie öffentlich geschildert wurde. Mentalreisen, Beeinflussungen, Übungen zur Gottverbundenheit, Erscheinungen, Alchemie, Heilungen mit den verschiedensten magischen Methoden z. B. Quabbalah oder durch die Elemente, Schutzgeistevokationen und viele andere magische „Wunder" seines Freundes und Lehrers Anion. Auch einige magische Fotos in Farbe, ein bisher von Bardon unveröffentlichtes Akashafoto von Christus und ein Bild des schwebenden Meister Arion werden in diesem Buch preisgegeben. Der Inhalt ist viel reichlicher, als hier kurz beschrieben werden kann.

*

Magisches Gleichgewicht
Hohenstätten

Dieses Buch zeigt eindeutig, dass in allen anderen Systemen das „Gleichgewicht" genauso gebraucht wird, wie bei Bardons Werken. Er war nicht der Einzige, der das erwähnte, aber er war der erste, welche es deutlich erklärte, denn die anderen Systeme sprachen nur durch das Symbol, welches nicht jedem Leser verständlich war. Obendrein bringen wir noch Unveröffentlichtes vom Meister Arion zu dieser Grundlage der magischen Entwicklung.

*

Das Leben und die Erfahrungen eines wahren Hermetikers
Seila Orienta

Diese Autobiographie eines Magiers ist unübertroffen, denn bis jetzt hat kein einziger, okkult Geschulter, so offen und ehrlich gesprochen wie Seila Orienta. Er gibt in diesem Werk sein Leben bekannt, sowie seine zahlreichen und äußerst interessanten Erlebnisse und Erfahrungen. Es werden auch zum ersten Mal Fotos von Wesen der Sphären gezeigt, welche Franz Bardon höchstpersönlich in den 20ern gemacht hat. Des Weiteren schreibt Seila Orienta über die Sphären, über Dämonen, Logenkontakte und vieles, vieles mehr, was einem ehrlich strebenden Hermetiker das Herz übergehen lassen wird.

*

Das Leben des Franz Bardon
Hohenstätten

Dieses Buch beschreibt das Leben des Meisters außerhalb des Frabatos, welches seine Sekretärin – Otti V. – geschrieben hat. Es beinhaltet Erklärungen zu seiner „Biografie", weitere Einzelheiten über den Kampf mit der FOGC, seine Beziehung zu Wilhelm Quintscher und anderen Okkultisten, was alles bisher unbekannt war! Des Weiteren werden viele Erlebnisse seiner Schüler in Prag erzählt, verschiedene magische Leistungen und interessante Geschichten Bardons beschrieben, die bis dato unveröffentlicht sind. Es werden auch seine drei Lehrwerke und deren Wirkung auf die Öffentlichkeit von einem anderen, unbekannten Standpunkt geschildert, welcher durch bisher schwer zugänglichen Schriften unterstützt wird. Als Krönung wird seine aus dem tschechischen übersetzte „Runenschrift" zum ersten Mal veröffentlicht. Auch einige Seiten aus anderen unveröffentlichten Schriften von ihm sowie interessante Fotos des Meister Bardon und seiner Freunde werden hier preisgegeben und vieles, vieles mehr.

*

In Verbindung mit der Gottheit
Hohenstätten

Über das Thema der Gottverbundenheit mit all seinen Formen und

83

Methoden wurde bis heute noch nie ein Buch verfasst geschweige denn eine Schrift geschrieben. Man findet in der okkulten wie in der östlichen Literatur nur spärliche Hinweise, die größtenteils verschlüsselt sind oder so geschrieben wurden, dass man sie kaum versteht. Im Gegensatz dazu wird in diesem Buch offen dargelegt, dass das 1. kleine Arkanum der 78 Tarotkarten die Gottverbundenheit in ihrer Reinform darstellt.

*

Hermetische Heilmethoden
Hohenstätten

Dieses Buch stellt in der okkulten Literatur ein absolutes Unikum dar, denn über die Gesamtheit der okkulten Heilmethoden wurde bis jetzt noch NIE etwas Sinnvolles geschrieben. Es werden alle Heilmethoden erwähnt, die der hermetische Schüler mit Hilfe seiner bisher erlangten Konzentrationsfähigkeit ausüben und verwenden kann.

*

Erste hermetische Zeitschrift

„Der hermetische Bund teilt mit" ist eine der wenigen magisch-mystischen Zeitschriften, welche sich soweit als möglich auf die universelle Lehre von Franz Bardon bezieht. Sie versucht sich an die Gesetze des 4-poligen Magneten zu halten und vermittelt Wissen sowie Hinweise für die Praxis, damit der Leser die Möglichkeit hat, sie in seinen hermetischen Weg aufzunehmen und für sich gewinnbringend zu verarbeiten.

Noch viel mehr hermetische Literatur finden Sie auf unserer Website: http://www.hermetischer-bund.com.

Viel Vergnügen beim Stöbern!

Der Verlag